Faulstich u. a.
Bestand und Entwicklungsrichtungen
der Weiterbildung in Schleswig-Holstein

Peter Faulstich / Ulrich Teichler / Ottmar Döring

Bestand und Entwicklungsrichtungen der Weiterbildung in Schleswig-Holstein

Deutscher Studien Verlag · Weinheim 1996

Über die Autoren:

Prof. Dr. Peter Faulstich, Jg. 46, Lehrstuhl für Erwachsenenbildung,
Universität Hamburg.

Prof. Dr. Ulrich Teichler, Jg. 44, Geschäftsführender Direktor des Wissenschaftlichen
Zentrums für Berufs- und Hochschulforschung der Universität GH Kassel.

Dr. Ottmar Döring, Jg. 60, Dipl.-Sozialarbeiter, Mitarbeiter an verschiedenen
Projekten der Personalentwicklung und Weiterbildung.

Die Studie wurde als Gutachten für die Ministerin für Frauen, Bildung, Weiterbildung
und Sport des Landes Schleswig-Holstein verfaßt.

Druck nach Typoskript (DTP)

© 1996 Deutscher Studien Verlag · Weinheim
Druck: Druck Partner Rübelmann GmbH, 69502 Hemsbach
Seriengestaltung des Umschlags: Atelier Warminski, 63654 Büdingen
Printed in Germany

ISBN 3 89271 636 6

Inhaltsverzeichnis

1

Einleitung

Weiterbildung in Schleswig-Holstein, wie in der Bundesrepublik Deutschland insgesamt, ist - die vorliegenden Materialien erhärten diese Vermutung - gekennzeichnet durch die Diskrepanz zwischen einer immer wieder betonten Bedeutungszunahme einerseits und einer nach wie vor bestehenden Flüchtigkeit und Weichheit der Strukturen in manchen Bereichen andererseits. Oft herrscht Vielfalt bei gleichzeitiger Unübersichtlichkeit. Aus dem unbestrittenen Funktionswandel und -zuwachs von Weiterbildung ergeben sich Aufgaben und Perspektiven, die in unterschiedlicher Weise gestaltbar sind. Überlegungen zur Weiterentwicklung sollten berücksichtigen, daß die gegenwärtige Systemstruktur - bezogen auf Zugänglichkeit, Erreichbarkeit und Programmkomplexität - auf Vielfalt der Angebote, Eigenständigkeit der Einrichtungen, Freiheit der Lehrplangestaltung und selbständiger Personalauswahl der Institutionen als positive Aspekte aufbaut. Die Absicht dieses Gutachtens ist es, die Leistungen des Weiterbildungssystems bezogen auf Weiterbildungsbedürfnisse und Interessen der Adressaten zu optimieren. Im Spannungsfeld zwischen Stabilität und Flexibilität steht jedoch gleichzeitig eine breitere Diskussion über den Stellenwert öffentlicher Verantwortung an, wenn die Entwicklungen nicht quasi naturwüchsig in unerwünschte Konsequenzen und Disfunktionalitäten münden sollen.

Für die Diskussion über Weiterbildung in Schleswig-Holstein ist es bezogen auf Realisierungschancen sinnvoll, einen von den Beteiligten möglichst weitgehend getragenen Konsens auszuloten. Dies haben wir, gestützt durch Materialien über die Entwicklung der gesellschaftlichen Rahmenbedingungen, die Geschichte und den Stand der Weiterbildung (Institutionen, Qualität, Personal und Finanzierung), die Zuständigkeiten für Weiterbildung bei der Landesregierung, Support-Strukturen, Bewertungen von Kooperationen sowie durch Regionalstudien, in unseren Empfehlungen versucht.

(a) Die vorliegende Literatur über Weiterbildung wurde, bezogen auf mögliche Problemlagen in Schleswig-Holstein, analysiert. Dabei wurde vor allem der Stellenwert von Aussagen zur System- und Institutionenstruktur und zur Weiterbildungsbeteiligung im Hinblick auf Situation und Perspektiven in Schleswig-Holstein geprüft. Berücksichtigt wurden dabei Initiativen zur Weiterbildung in anderen Bundesländern und auf Bundesebene. Für Schleswig-Holstein konnte auch auf die "Bestandsaufnahme der Weiterbildung in Schleswig-Holstein", vorgelegt von der "Interministeriellen Arbeitsgruppe Weiterbildung der Landesregierung", zurückgegriffen werden. Insbesondere sei in diesem Zusammenhang auch auf den "Bericht zur politischen Bildung in Schleswig-Holstein" und die Antwort auf die "Große Anfrage der Fraktion der SPD betreffend Finanzierung der Weiterbildung in Schleswig-Holstein" von 1994 verwiesen, die umfassend und detailliert diese beiden Bereiche beschreiben, so daß wir uns in vielen dieser Punkte auf für uns relevante Fakten beschränken konnten.

(b) Zur Abschätzung des zukünftigen Weiterbildungsbedarfs in Schleswig-Holstein wurde Datenmaterial über die Bevölkerung, die Wirtschaftslage, den Arbeitsmarkt, das Bildungswesen und die regionale Situation in Schleswig-Holstein gesammelt, gesichtet und bewertet.

(c) Daten und Einschätzungen zur gegenwärtigen Situation und zu den Perspektiven der Weiterbildungsangebote in Schleswig-Holstein wurden mit Hilfe einer schriftlichen Umfrage ("Weiterbildungsumfrage '94"), auf die 327 Institutionen mit 742 Standorten antworteten, gesammelt.

(d) Es wurden Expertengespräche mit 13 Vertretern der Ministerien, der Arbeitsverwaltung, Betreibern von Weiterbildungsdatenbanken, Forschungseinrichtungen und Weiterbildungsverbänden durchgeführt. Dabei wurden vor allem Einschätzungen der gegenwärtigen Lage und Vorstellungen zur weiteren Entwicklung erkundet.

(e) Zusammen mit der Verbindungsstelle Hamburg des Verlages "Bildung und Wissen" wurde ein Konzept zur Analyse der weiterbildungsrelevanten Daten des "Informationssystems Aus- und Weiterbildung" der Bundesanstalt für Arbeit in Schleswig-Holstein erarbeitet. Eine Auswertung der Daten für Schleswig-Holstein hinsichtlich der Anzahl der Angebote, Träger und Themenbereiche im Vergleich mit anderen Bundesländern und Regionen wurde durchgeführt.

(f) Es wurden für Regionalstudien (Stadt Kiel und Kreis Dithmarschen) Expertengespräche mit elf Personen geführt. Auch hier wurden entsprechende Materialien gesammelt und ausgewertet.

(g) Die Ergebnisse wurden auf einer Tagung in Kiel (November 1994) mit Experten und Vertretern von Weiterbildungsinstitutionen in Schleswig-Holstein diskutiert. Die Resultate der Debatte wurden bei der Erstellung dieser Analyse berücksichtigt.

In die Analysen wurden die verschiedenen Funktionsfelder des Weiterbildungssystems ("politische", "allgemeine" und "berufliche" Weiterbildung) einbezogen. Ausgenommen blieb lediglich die betriebsinterne Weiterbildung von Unternehmen, die in einem ersten Anlauf erfahrungsgemäß schwer zu dokumentieren ist. Dies ist zweifellos eine Lücke unserer Studie, da uns bewußt ist, daß es sich hier erstens um einen extrem dynamischen und auch innovativen Weiterbildungsbereich handelt und zweitens immer breitere Überschneidungsfelder zwischen Betrieben und Erwachsenenbildungsträgern entstehen. Hier bleibt ein Desiderat künftiger wissenschaftlicher Arbeit.

Die Arbeiten an dem Gutachten wurden von einem Beirat begleitet, dem Christel Achberger (Deutscher Paritätischer Wohlfahrtsverband/Landesverband Schleswig-Holstein), Wolfgang Behrsing (Landesverband der Volkshochschulen Schleswig-Holstein e.V.), Albrecht Buchsteiner (DGB-Landesbezirk Nordmark), Michael Glaser (Wirtschaftsakademie Schleswig-Holstein), Christian Sörensen (Ministerium für Wirtschaft, Technik und Verkehr des Landes Schleswig-Holstein), Horst Sperber (Bildungszentrum Tannenfelde der Studien- und Fördergesellschaft der schleswig-holsteinischen Wirtschaft e.V.), Sven-Okke Struve (Landesarbeitsamt Nord), Volker Thomas (Ministerium für Frauen, Bildung, Weiterbildung und Sport des Landes Schleswig-Holstein) und Renate Zocholl (Fachhochschule Kiel) angehörten. Mit diesem Gremium wurden die Arbeitsschritte beraten und abgesprochen. Hier wurden auch Zwischenergebnisse diskutiert. Daraus ergaben sich viele konstruktive Anregungen, die bei der Erstellung dieses Berichtes eine wertvolle Hilfe waren.

Aufgrund der gemeinsamen Rahmenbedingungen hat Weiterbildung in allen Ländern der Bundesrepublik Deutschland viele übereinstimmende Grundzüge. Dies betrifft die Struktur der Institutionen und Angebote sowie die staatliche Regelung und Förderung. Gemeinsamkeiten werden hergestellt durch juristische Normierungen und wirken auf die Weiterbildung unmittelbar (z.B. Arbeitsförderungsgesetz und Bundesbildungsgesetz). Um der besonderen schleswig-holsteinischen Situation jedoch Rechnung zu tragen, darf es nicht darum gehen, importierte Debatten umstandslos zu übertragen. Wir haben deshalb gefragt:

(a) Gibt es spezifische wirtschaftliche, demographische und kulturelle Akzente in Schleswig-Holstein, für die sich besondere *Bedarfe* akzentuieren lassen?

(b) Worin liegen Besonderheiten der gewachsenen Weiterbildungsstrukturen, des *Institutionengefüges* und des *Angebotsprofils,* und was sind deren Stärken und Schwächen bezogen auf Programme, Qualität, Personal und Finanzen?

(c) Können im weiterbildungspolitischen Raum besondere *Zuständigkeitsgefüge,* Beziehungsgeflechte oder Verständigungsmöglichkeiten identifiziert werden, die tragfähige Strategien stützen oder behindern?

(d) Sind unterhalb des Angebotsspektrums und des Institutionengefüges *unterstützende Einrichtungen* institutionalisiert, welche die für das Gelingen von

Weiterbildung notwendigen Aufgaben der Information und Beratung, der Curriculumentwicklung, der Qualitätssicherung und der Personalqualifizierung wahrnehmen?

(e) Dabei ist nach den Unterschieden zwischen den *Regionen* Schleswig-Holsteins zu fragen: Gibt es Konstellationen, die ein regionalspezifisches, zwischen wirtschafts-, bildungs- und kulturpolitischen Akteuren abgestimmtes Programm nahelegen?

Im Bericht werden deshalb die strukturellen Rahmenbedingungen des Weiterbildungssystems in Schleswig-Holstein (Kapitel 3), Tendenzen des Weiterbildungsbedarfs (Kapitel 4) und die Angebotsstrukturen - Geschichte, Institutionen, Programme, Qualität, Personal und Finanzierung (Kapitel 5) - dargestellt. Darüber hinaus werden einige besondere Probleme wie Ressortzuständigkeiten (Kapitel 6), Support-Strukturen (Kapitel 7) und Kooperationen (Kapitel 8) eingehender behandelt. Regionale Strukturen und Probleme werden in den Regionalstudien (Kapitel 9) aufgezeigt. Diese Analysen begründen einige, eher vorsichtige Empfehlungen für die weitere Gestaltung des Weiterbildungssystems in Schleswig-Holstein, welche sich einerseits auf bundesweite Erfahrungen und Tendenzen stützen, andererseits die Empirie und die Akzente in Schleswig-Holstein verarbeiten (Kapitel 10).

2

Zur allgemeinen Situation der Weiterbildung in Schleswig-Holstein

Weiterbildung verzeichnet langfristig in der Bundesrepublik Deutschland einen *deutlichen Zuwachs*. Experten aus Wissenschaft und Praxis sowie aus Bildung, Beruf und anderen Lebensbereichen stimmen darin überein, daß Weiterbildung im Laufe der letzten beiden Jahrzehnte aus verschiedenen Gründen an Bedeutung gewonnen hat: Die Teilnahme der Erwachsenen an Weiterbildung stieg in der Bundesrepublik Deutschland laut der Repräsentativumfrage von Infas zum Weiterbildungsverhalten von 23 Prozent im Jahre 1979 auf 37 Prozent im Jahre 1991. Die Teilnahme an beruflicher Weiterbildung verdoppelte sich sogar im gleichen Zeitraum (vgl. Kuwan u.a. 1993, S. 23, 43). Auch Einbrüche durch den Rückgang der Förderung nach dem Arbeitsförderungsgesetz (AFG) durch die Bundesanstalt für Arbeit werden diesen Trend wohl langfristig nicht umkehren. Dies ist vor allem deshalb zu vermuten, weil schon häufiger Schwankungen bei dieser wichtigsten Förderquelle der beruflichen Weiterbildung zu verzeichnen waren und dennoch der Expansionsprozeß langfristig anhielt. Ein Beleg für den Zuwachs ist ebenfalls der Anstieg der Weiterbildungsprüfungen der Industrie- und Handelskammern (IHK) von 47.800 im Jahre 1981 auf 75.600 im Jahre 1991 (vgl. Deutscher Industrie- und Handelstag 1992, S. 65). Für Schleswig-Holstein läßt sich diese Tendenz bestätigen. Im IHK-Bezirk Kiel stieg z. B. die Teilnahme an IHK-Weiterbildungsprüfungen von 788 im Jahre 1985 auf 1.906 im Jahre 1993 (vgl. Übersicht 1).

Übersicht 1:
Teilnahme an Weiterbildungsprüfungen im Industrie- und Handelskammer-bezirk Kiel (1985-1993)

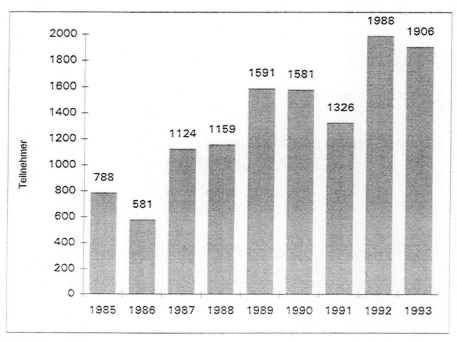

Quelle: Industrie- und Handelskammer Kiel

Eine Steigerung der Teilnahmezahlen an Weiterbildung in Schleswig-Holstein belegen auch die Statistiken der Volkshochschulen - die Kursbelegungen stiegen von 183.100 im Jahre 1975 auf 273.647 im Jahre 1993 - und der Arbeitsverwaltung: die Eintritte in Maßnahmen der beruflichen Fortbildung, Umschulung und Einarbeitung stiegen von 11.411 im Jahre 1980 auf 16.379 im Jahre 1994, wobei zwischenzeitlich starke Schwankungen zu verzeichnen waren (vgl. Übersichten 2 und 3).

Übersicht 2:
Entwicklung der Kursbelegungen für Erwachsenenkurse an Volkshochschulen in Schleswig-Holstein (1975 - 1993)

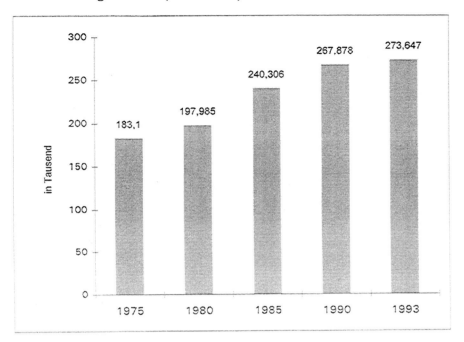

Quelle: Landesverband der Volkshochschulen

Die Expansion der Weiterbildung war jedoch nicht gleichmäßig und flächendeckend. Auch war sie mit mancherlei *Problemen* verbunden. Vor allem fünf Aspekte sind hervorzuheben:

(a) Die Teilnahme an Weiterbildung ist - nach verschiedenen sozio-biographischen Merkmalen gesehen - recht ungleich verteilt. *Beteiligungslücken* lassen sich vor allem in sieben Bereichen feststellen.

- Erstens gibt es sehr große Beteiligungsunterschiede nach dem *Alter* der Erwachsenen. Jüngere Erwachsene nehmen bedeutend öfter an Weiterbildung teil als ältere. Von den 19- bis 34jährigen nutzten 1991 44 Prozent Weiterbildungsangebote, während es bei den 50- bis 64jährigen nur noch 25 Prozent waren.
- Zweitens hat der *Berufsstatus* erheblichen Einfluß: 1991 nahmen z.B. 54 Prozent der Beamten, 49 Prozent der Angestellten, aber nur 26 Prozent der Arbeiter an Weiterbildung teil.

Übersicht 3:
Eintritte in Maßnahmen der beruflichen Fortbildung, Umschulung und Einarbeitung in Schleswig-Holstein[*] (1980 - 1994)

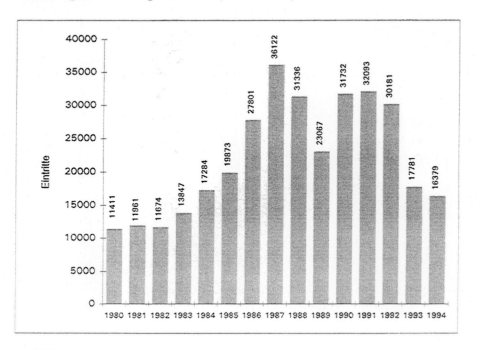

Quelle: Landesarbeitsamt Nord, Referat Statistik
* Zugrundegelegt ist der Wohnort der Teilnehmenden, nicht der Ort der Maßnahme.

- Drittens bestehen Unterschiede hinsichtlich der *schulischen bzw. beruflichen* Vorbildung der Teilnehmer. Nur 18 Prozent der Personen ohne Berufsbildung nahmen 1991 an Weiterbildung teil. Demgegenüber beteiligten sich z.B. 59 Prozent der Hoch- bzw. Fachhochschulabsolventen. Gleiches gilt für die Teilnahmequote nach Schulbildung im Jahre 1991: Während 57 Prozent der Personen mit Abitur an Weiterbildung teilnahmen, waren es bei Hauptschulabsolventen lediglich 22 Prozent.
- Viertens sind die verschiedenen *Wirtschaftsbereiche* unterschiedlich stark vertreten. Während z.B. 1993 34 Prozent der Angehörigen des öffentlichen Dienstes an Weiterbildung teilnahmen, waren es im Handwerk lediglich 20 Prozent oder in der Industrie 25 Prozent (vgl. Kuwan u.a. 1993, S. 65; 209). Einer anderen Erhebung zufolge ist Weiterbildung besonders bei Banken und Versicherungen verbreitet, während das produzierende Gewerbe noch vor dem am Ende liegenden Gastgewerbe rangiert (vgl. Schmidt/Hogreve 1994, S. 253ff.).

– Darüber hinaus gibt es fünftens ganz erhebliche *regionale* Lücken. So ist z. B. die Beteiligung an Volkshochschulkursen in verschiedenen Regionen des Landes Schleswig-Holstein unterschiedlich (vgl. Abschnitt 9.1).

– Ebenso zeigen sechstens die Eintritte in Maßnahmen der beruflichen Fortbildung, Umschulung und Einarbeitung in Schleswig-Holstein erhebliche Disparitäten nach dem *Geschlecht*. Seit Anfang der achtziger Jahre nehmen Männer immer mehr an geförderter Weiterbildung teil als Frauen. 1994 wurden mit 9.632 Männern fast ein Drittel mehr Männer als Frauen (6.747) gefördert (vgl. Übersicht 4).

Übersicht 4:
Eintritte in Maßnahmen der beruflichen Fortbildung, Umschulung und Einarbeitung nach Geschlechtern in Schleswig-Holstein* (1981-1994)

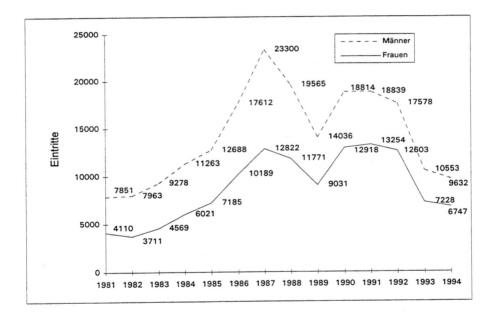

Quelle: Landesarbeitsamt Nord, Referat Statistik
* Zugrundegelegt ist der Wohnort der Teilnehmenden, nicht der Ort der Maßnahme.

Auch das "Berichtssystem Weiterbildung" belegt die "Geschlechterdifferenz" an der Teilnahme - auch wenn hier die Unterschiede relativ gering sind: 1991 erreichte die Teilnahmequote der Männer bundesweit 39 Prozent, während sie bei den Frauen bei 35 Prozent lag (vgl. Kuwan u.a. 1993, S. 173).

– Schließlich lassen sich - siebtens - erhebliche Disparitäten nach *Betriebsgrößen* ausmachen. Während im Jahre 1991 die Teilnahmequote an beruflicher Weiterbildung bei Beschäftigten in Betrieben mit weniger als hundert Mitarbeitern 22 Prozent betrug, lag sie in Betrieben mit zwischen 100 und 999 Beschäftigten bei 23 Prozent und in Betrieben mit über 1.000 Beschäftigten sogar bei 32 Prozent (vgl. ebenda, S. 209).

(b) Darüber hinaus gibt es eine weitere Lücke, die durch Schwerpunkte bzw. Dürrezonen der Weiterbildungsförderung erzeugt wird. Einerseits ist Weiterbildung in qualifizierten Berufen und in "bildungsnahen" sozialen Schichten verbreitet. Andererseits gibt es subsidiäre Förderungsschwerpunkte für diejenigen, die aus stabilen beruflichen Bereichen und sozialen Bedingungen herausgefallen sind. Dazwischen klafft eine systematische Förderungslücke für diejenigen, die sich weder durch betriebliche Bedeutung, beruflich hohe Position oder hohe Vorbildung auszeichnen, noch zu den beruflich und sozial "Hereingefallenen" zu rechnen sind. Nicht als Weiterbildungsmobilisierung der Erwachsenen und auch nicht als Chancenangleichung kann die Summe der Anreize, Maßnahmen, Traditionen und Einzelaktivitäten in der Weiterbildung der Bundesrepublik Deutschland bezeichnet werden, sondern als System, das die nicht ohnehin Weiterbildungsmobilen und die nicht sozial sehr deutlich Benachteiligten an den Rand des Weiterbildungssystems drängt.

(c) *Intransparenz* der Institutionen und Programme ist mittlerweile als Problem allgemein festgestellt. Das Berichtssystem Weiterbildung belegt eine erhebliche Unübersichtlichkeit der Angebote. 66 Prozent der Bundesbürger in den neuen Bundesländern wünschen bessere Informationen über Weiterbildung. In den alten Bundesländern sind dies immerhin noch 42 Prozent. Demgegenüber haben nach eigenem Bekunden nur 58 Prozent in den alten und 35 Prozent in den neuen Bundesländern einen guten Überblick über Weiterbildung (vgl. ebenda, S. 112).

(d) *Qualitätsprobleme* werden häufig konstatiert. So gibt es z.B. in der informationstechnischen Weiterbildung immer noch eine Ausrichtung der Kurse auf spezifische Hard- und Softwarehersteller, unzureichende Ausstattung, fehlende Teilnehmerberatung und überholte Inhalte. Diese Kritik läßt sich fortsetzen und betrifft alle Sparten von Sprachkursen über Bildungsurlaube bis hin zum Führungskräftetraining (vgl. Döring 1994b, S. 108). Durch die internationale Normenreihe ISO 9000 ff., welche die Qualität auch von Weiterbildung sichern soll, wird die Diskussion über Qualitätssicherungssysteme auch auf Weiterbildungsträger übertragen.

(e) Bei den Weiterbildungsinstitutionen bestehen *Probleme bei der Planung und Durchführung* von Angeboten, hohe Kosten der technischen Ausstattung und Raumknappheit, Schwierigkeiten in der Bedarfsermittlung sowie der Rekrutierung und Fortbildung des Personals. Darin drücken sich grundlegende Strukturprobleme des Weiterbildungssystems aus, auch wenn sie aktuell von spezifischen Entwicklungen, etwa dem Rückgang der AFG-Förderung und dem damit verbundenen Teilnehmerverlust, überlagert werden.

In Schleswig-Holstein besteht im Bereich Weiterbildung, wie in anderen Bundesländern auch, die Schwierigkeit, daß einerseits ihre Aufgaben und Bedeutung für die berufliche Qualifizierung, für die Bewältigung komplexer werdender Lebensfragen, für die kulturelle Bereicherung usw. zunehmen, jedoch andererseits die Probleme bei ihrer Finanzierung durch öffentliche Mittel, durch Leistungen der Unternehmen und durch wachsende Kostenbelastungen für die Lernenden steigen. Die Sorge wächst, daß eine konsequente Expansion und Qualitätssteigerung zu einer nicht mehr tragbaren finanziellen Belastung für alle Beteiligten führt. Daher erscheint Weiterbildungspolitik oft als eine schwer nachzuvollziehende und inkonsistente Mischung aus Ermutigungen und Dämpfungen wachsender Weiterbildungsneigung und -beteiligung.

In den öffentlichen Diskussionen in der Bundesrepublik Deutschland über Aufgaben und Probleme der Weiterbildung gibt es ständig wiederkehrende Wahrnehmungen und Interpretationen. Insgesamt sind jedoch in den letzten Jahrzehnten deutliche Verschiebungen erkennbar, die zeigen, daß auf der einen Seite das Erhalten eines hohen Maßes an institutioneller Offenheit und Vielfalt im Zuge langfristiger Expansion und säkularen Bedeutungsgewinns gewünscht wird. Auf der anderen Seite werden deutliche Mängel einer naturwüchsigen, unkoordinierten Vielfalt gesehen: etwa im Hinblick auf die Transparenz der Angebote, auf die Qualität mancher Weiterbildungsveranstaltungen, auf übergroße Ungleichgewichte in regionaler Versorgung bzw. in der Teilnahme nach Geschlecht, Alter, sozialer Herkunft, beruflicher Stellung, Betriebsgröße usw.

Fassen wir zusammen, was Verantwortliche und Experten der Weiterbildung in Schleswig-Holstein in unserer "Weiterbildungsumfrage '94" als sinnvolle Verbesserung der Weiterbildung für notwendig erachten, so werden vor allem acht Bereiche genannt:

– höhere und kontinuierlichere öffentliche Förderung,
– Initiativen zur Qualitätssicherung,
– mehr und verbesserte Information und Beratung,
– bessere Ausstattung der Institutionen (Räume, Lehrmittel, Technik etc.),
– regional ausgewogenes Angebot,
– Aktivitäten, um bisher in der Weiterbildung unterrepräsentierte soziale Gruppen zu aktivieren,
– verbesserte Analysen des Bedarfs und Modernisierung der Angebote,
– Weiterqualifizierung der Dozenten und der für das Management der Weiterbildungsinstitutionen zuständigen Personen.

Verbesserungen dieser Art sind gegenwärtig wohl kaum ausschließlich durch den Ruf nach erheblich zu steigernder staatlicher Finanzierung zu erreichen. Das ist nicht nur wegen der aktuellen Lage öffentlicher Haushalte unrealistisch, gleichzeitig würden die staatlichen Steuerungsmöglichkeiten überschätzt. Vielmehr gilt Weiterbildung auch als ein Bereich, dessen Dynamik und Sachgerechtigkeit von einer Vielfalt der Träger und einer großen Offenheit in den Gestaltungsmöglichkeiten lebt.

Wir sind uns darüber im klaren, daß die zukünftige Entwicklung von Weiterbildung in einer Paradoxie von programmatischem Bedeutungsgewinn und realen - besonders finanziellen - Umsetzungsschwierigkeiten steht. Einerseits wird Weiterbildung ein immer höheres Gewicht im Zusammenhang von wirtschafts-, sozial-, technologie- und regionalpolitischen Strategien zugewiesen, während andererseits die Ressourcen, Institutionen und Programme keineswegs so stark wachsen, wie es oft erwartet und betont worden ist. Dies resultiert zum Teil aus gegenläufigen Tendenzen, z.B. der Zurückverlagerung von Aktivitäten in andere gesellschaftliche Teilbereiche wie Familien oder Betriebe. Das Beispiel der Weiterbildung für neue Informationstechniken zeigt etwa, daß Programme, die noch vor kurzem die "Kernstücke" dieses Weiterbildungssegments waren, aufgrund von Arbeitsmarkt- und Tätigkeitsentwicklungen obsolet werden oder andere Elemente zunehmend in die Erstausbildung oder das Studium integriert werden. "Weiterbildungsbedarf" ist also keine fixe Größe, welche unabweisbar eingehalten werden muß. Auch deshalb kann Weiterbildung leicht Opfer aktueller Kürzungspolitiken nicht nur der öffentlichen Haushalte, sondern auch der Unternehmen werden. Ursache ist die spezifische Weichheit der Weiterbildungsstrukturen, die Kürzungen leicht durchsetzbar werden lassen. Daraus folgt jedoch nicht, daß Weiterbildung sich von selbst entsprechend den Bedürfnissen der Erwachsenen und der Gesellschaft gestaltet; sie ist im Gegenteil in der Gefahr, Entscheidungen ausgeliefert zu sein, die sich aus akuten Zwängen über Bedürfnisse hinwegsetzen. Öffentliche Verantwortung in der Weiterbildung besteht deshalb darin:

– Schwächen und Lücken im Angebot zu identifizieren,
– Weiterbildung an Personen heranzutragen, die den Stellenwert von Weiterbildung bzw. der Angebote nicht durchschauen,
– kulturell und politisch bedeutsame Weiterbildung in Bereichen zu fördern, die sich nicht selbst tragen können,
– zur Qualität der Weiterbildung beizutragen (vgl. Richter 1993; 1994).

Diese Aufgaben in öffentlicher Verantwortung können weniger als zuvor ausschließlich durch eine Strategie der Steigerung der staatlichen Ausgaben bewältigt werden (vgl. Willke 1994). Vorrangig steht zur Diskussion, ob verstärkt durch:

– staatliche Rahmenregelungen und Anreizfinanzierungen,
– durch regional verbesserte Koordination und Zusammenarbeit,
– durch eine bessere Abstimmung der verschiedenen Förderungen,
– durch eine verbesserte Qualitätssicherung,

– einen höheren Grad an Professionalisierung
– und durch eine höhere Effizienz
eine bessere Ausnutzung der vorhandenen Mittel erreicht werden kann.

Jenseits gern pointierter Kontroversen zeigt sich - auch in unserer "Weiterbildungsumfrage '94" in Schleswig-Holstein - bei den Verantwortlichen und den bei der Gestaltung der Weiterbildung Beteiligten ein hohes Maß an Übereinstimmung in vielen Fragen: Etwa in der Einschätzung, daß die Information über Weiterbildungsangebote und die Beratung verbessert und koordiniert werden sollten; daß Maßnahmen in strukturschwachen Gebieten wünschenswert seien; daß die verantwortlichen Institutionen vor allem in Fragen der Qualitätssicherung, Professionalisierung und optimaleren Ressourcennutzung zusammenarbeiten sollten.

3

Strukturelle Einbettung und institutionelle Gestaltung - öffentliche Verantwortung und "mittlere Systematisierung"

Der Schlüssel, um den Charme und auch das Merkwürdige der Weiterbildung im Vergleich zu anderen Bildungsbereichen zu verstehen, liegt zweifellos darin, daß Weiterbildung ein "weiches System" darstellt:

- Das fängt beim Begriff Weiterbildung an. Viele Akteure und Experten ziehen den Gebrauch anderer Termini für Teilbereiche und Partialfunktionen der Weiterbildung (Erwachsenenbildung, Aus- und Fortbildung usw.) vor, worin der Zweifel zum Ausdruck kommt, ob der Terminus Weiterbildung vielleicht nur künstlich Zusammenhänge stifte, wogegen es sich in Wirklichkeit doch um einzelne Segmente handele. "Weich" ist der Zusammenhalt der Teilbereiche.
- Andere Bereiche unserer Gesellschaft, für die insgesamt ähnlich viel ausgegeben wird, haben große und harte Organisationen, eine hohe Zahl von Professionellen in schwer kündbaren Positionen, machtvolle Berufsverbände, geordnete Bestimmungen der Aufgaben. Oft klagen wir über die unbeweglichen "Tanker" der Großorganisationen und preisen den Charme und die Funktionalität weicher Organisation. Wenn aber Einsparungsnotwendigkeiten zur Diskussion stehen, haben die Angehörigen flexibler Organisationen nicht zu Unrecht das Gefühl, daß sie für die Flexibilität gestraft werden.
- Der "Bedarf" für Weiterbildung ist "weich", weil Interessen und Motive häufig latent bleiben und kaum empirisch-analytisch erhebbar sind, und der Nachweis der Wirkung ist "weich", weil die Effekte, bezogen sowohl auf den Lernnachweis als auch auf die Verwendbarkeit, kaum meßbar sind. Dies entspricht dem Charakter einer oft mittelbaren und verschlungenen Wirkung. Was von der Sache her naheliegend ist, kann in der politischen Konkurrenz zu anderen Bereichen eine Schwäche sein.

– Das System der Verantwortlichkeiten ist "weich". Das erlaubt in vielen Fällen rasche Innovation; Folgen sind aber auch Unklarheiten, Partikularitäten und überzogene ideologische Grundsatzdebatten.

Werden die Nachteile eines solchen "weichen" Systems zur Sprache gebracht, taucht häufig der Verdacht auf, man wolle nun als Kur eine - unseres Erachtens sachlich unangemessene - Anpassung an die "harten" Systeme empfehlen. Hier geht es um etwas anderes: aus den Charakteristika des Systems eine Stärke zu machen. Wir haben deshalb mit "mittlerer Systematisierung" (vgl. Faulstich u.a. 1991) ein Stichwort in die Debatte geworfen, das großen Anklang gefunden hat. Diese Begrifflichkeit ist theoretisch anschlußfähig an Giddens Theorie der Strukturalisation, besonders zu dem dort zu findenden Hinweis auf "degrees of systemness" (Grade der Systemhaftigkeit) (Giddens 1992, S. 46). Uns geht es dabei zum einen darum, deutlich zu machen, daß eine "mittlere" Lösung ein konsequentes, strategisches Konzept darstellt und nicht notwendigerweise ein unentschlossenes Verharren zwischen den Extremen einer starken staatlichen Steuerung einerseits und einer völligen Selbstregulation des Marktes andererseits. Zum anderen wollen wir darauf hinweisen, daß es erforderlich ist, eine solche "mittlere Lösung" zu stabilisieren und weiterzuentwickeln und daß es durchaus gezielte Maßnahmen gibt, die dieses gewährleisten.

Wir vertreten deshalb die These, daß Weiterbildung sich im Zuge ihrer wachsenden Bedeutung weder auf dem Wege befindet, so strukturiert, koordiniert und einheitlich zu werden, wie es beim Schulwesen und Hochschulwesen der Fall ist, noch ihre Aufgaben erfüllen kann, wenn sie allein den Initiativen der Anbieter und Nachfrager überlassen wird. Was sich herausbildet - und im Prinzip weniger umstritten ist, als es die öffentlichen Debatten auf den ersten Blick erscheinen lassen - ist ein Trend zu einer stärkeren "mittleren Systematisierung" der Weiterbildung. Innerhalb gesellschaftlicher Systeme kann es - der Bildungsbereich ist dafür ein hervorragendes Beispiel - immer wieder zu neuen internen Differenzierungen und Strukturierungen kommen (vgl. Luhmann 1987, S. 37). Zum einen sind damit die "Besonderung" von Erwachsenenlernen gegenüber anderen gesellschaftlichen Tätigkeiten und die dadurch ausgelöste Entwicklung eines spezifischen Partialsystems Weiterbildung gemeint; zum anderen hat dieser fortschreitende Systematisierungsprozeß auch Folgen für die interne Struktur dieses Bildungsbereichs.

Charakterisiert wird damit der langfristige Prozeß der spezifischen Genese des Partialsystems Weiterbildung. Langfristig ist der fortschreitende Prozeß der Moderne durch eine Herausverlagerung von Lernaufgaben aus primären gesellschaftlichen Institutionen wie Familien und Betrieben gekennzeichnet. Belege dafür finden sich in der Entwicklung von Schule und Berufsbildung. In der Erwachsenenbildung wird dieser Trend zwar immer wieder gebrochen durch partielle Zurückverlagerung, so daß Funktionen auch teilweise wieder entfallen, weil sie von der Erstausbildung, durch Lernen am Arbeitsplatz, von Institutionen der Kultur- oder Sozialarbeit oder von Vereinsaktivitäten übernommen werden. Daraus ergibt sich ein typisches Hin- und Herschwingen zwischen den Grenzen des Systems, durch welches ein widersprüchlicher Prozeß entsteht: Einerseits erfolgt eine Systematisierung von Weiterbildung als eigenständiger Bildungsbereich; andererseits tendiert das System zu einer verstärkten Funktionalisierung für direkte Indienstnahme bei aktuellen gesellschaftlichen Aufgaben und wird so "Teil anderer Sinnzusammenhänge" (Harney 1993, S. 385). Hintergrund dafür ist, daß die Weitergabe gesellschaftlich akkumulierter Deutungen für die Weiterentwicklung der modernen Gesellschaft, ihre technikbasierten Produktions- und Reproduktionsprozesse, ihre hochgradig sensiblen Legitimationsgrundlagen immer größeres Gewicht erhalten und nicht mehr in anderen Institutionen quasi automatisch und en passant erfolgen (vgl. Faulstich u.a. 1991, S. 45). Gleichzeitig finden Prozesse der "Ausbreitung, Zerstreuung und Entgrenzung" statt (Kade 1993, S. 391). Das System der Weiterbildung befindet sich in einem permanenten, flexiblen Prozeß von Kristallisation und Verschwinden.

Der Grad der "mittleren Systematisierung" ist jeweils nicht allein Resultat von Tendenzen in Lernen und Leben der Erwachsenen, die potentielle oder tatsächliche Teilnehmer von Weiterbildungsveranstaltungen sind. Ebenso wichtig und von Fragen der Sinngebung und Kompetenz geprägt sind Interessen- und Machtpolitiken, welche unterschiedliche Ausprägungen auf verschiedenen Dimensionen herstellen. Die Ebenen des sozialen Systems, der Institutionen und der Individuen überlagern sich dabei. Widerstreitende Prinzipien für die Gestaltung sind dabei, wie später für manche Aspekte genauer ausgeführt wird, u.a. bezogen auf:
- die Funktionen und die Interessen: Aufgabenzuweisung versus Bedarfsbezug,
- die interne Dynamik: Spontaneität versus Kontinuität,
- die interne Struktur der Institutionen: Partialität versus Universalität,
- das Personal: Professionalisierung versus flexible Rekrutierung,
- die Finanzierung: Teilnehmer und Institutionen versus staatliche Förderung,
- die Lokalität: Zentralität versus Regionalität.

Fragen der Gestaltung stellen sich in den einzelnen Ländern der Bundesrepublik Deutschland nicht einheitlich. In Schleswig-Holstein drängen sich unseres Erachtens vor allem die Fragen auf, wie eine höhere Effizienz des Mitteleinsatzes durch eine Kooperation der verschiedenen Verantwortlichen und Träger der Weiterbildung sowie durch abstimmende, regelnde, unterstützende, vorhaltende und finanzierende Leistungen des Staates erreicht werden kann. Dabei wird nicht übersehen, daß die Dynamik und Effektivität von Weiterbildung eingeschränkt werden könnte, wenn Bemühungen um Koordination, Regelung und staatliche Förderung zu weit gehen.

Wir gehen davon aus, daß die Dynamik des Weiterbildungssystems sich heute aus einer Gemengelage von Interessen ergibt, z.B. von

- Erwachsenen, die mehr oder weniger weiterbildungswillig sind, die manche Weiterbildungsbedürfnisse als unabweisbar und andere als eventuell aufzunehmen oder als verzichtbar empfinden,
- Anbietern der Weiterbildung, Institutionen von sehr unterschiedlicher Größe, von denen manche mit mächtigen Organisationen verbunden sind, die andere gesellschaftspolitische Eisen im Feuer haben, während andere allein Anbieter von Weiterbildung sind,
- einem halbsystematischen Förderungssystem, das den Erwachsenen eine Finanzierung der Weiterbildung seitens des Staates oder der Unternehmen bzw. anderen Organisationen stärker sichert, sofern dies beruflich hochnützlich ist, sie eine Umorientierung beruflich höchst gefährdeter Personen verspricht oder den Anspruch der "politischen Bildung" reklamiert, aber für andere Aufgaben und Bedingungen nicht viel bietet,
- einem Regelungssystem, das die gemeinsame Beratung von Staat, Trägern der Weiterbildung und Interessenorganisationen jeweils getrennt nach Funktionsbereichen "allgemeine und politische Weiterbildung", "berufliche Aus- und Weiterbildung" und "Arbeitsförderung" herstellt, detailliertere Regelungen meistens auf partielle Bereiche der Förderung bezieht (Förderung des Bildungsurlaubs, Ansprüche und Leistungen der Arbeitsförderung u.ä.).

Es handelt sich um ein gewachsenes Netz von vielfältigen Akteuren - Weiterbildungsanbietern und -teilnehmern, Staat und Interessenorganisationen -, das das Weiterbildungssystem bewegt und betreibt. Wenn, wie das derzeit in Schleswig-Holstein der Fall ist, neue Akzente der Weiterbildungspolitik zur Diskussion stehen, so wird dieser Zustand als weitgehend gegeben und normal vorausgesetzt. Es geht jedoch um die Fragen,

- Wo gibt es Schwächen und Lücken, die gezielter Aktionen bedürfen?
- Wie können Maßnahmen so ergriffen werden und wer kann sie so ergreifen, daß sie dem bestehenden System der Vielfalt der Akteure, der Vielfalt der Ziele und der Vielfalt der Angebote entsprechen und den Bedürfnissen und Interessen an Weiterbildung Rechnung tragen?

Es geht also um Komplementär- und Initiativleistungen und nicht um eine völlig neue Systemdynamik. Ein systematisches Nachdenken über den Zustand der Weiterbildung führt - wenn die Ergebnisberichte und Empfehlungen von Kommissionen, die Aussagen von Gutachten, die Stellungnahmen von Experten und weiterbildungspolitische Erklärungen von Parteien und anderen Organisationen in der Bundesrepublik Deutschland betrachtet werden - mehr oder weniger zwangsläufig dazu, uns folgende Fragen zu stellen:

(a) Welche Anstöße gibt es für veränderten Weiterbildungsbedarf?

(b) Werden die Veränderungen im Bedarf an Weiterbildung hinreichend durch die derzeitigen Weiterbildungsangebote aufgenommen?

(c) Gibt es gravierende Qualitätsdefizite in der Ausstattung der Institutionen, im Management der Weiterbildungsinstitutionen, in der Kompetenz der Dozenten und in der Durchführung der Kurse?

(d) Sind die politischen Zuständigkeiten den Problemen des Weiterbildungssystems angemessen?

(e) Sind die Erwachsenen über die Weiterbildungsangebote zureichend informiert und beraten?

(f) Wurden Möglichkeiten der Zusammenarbeit zur Sicherung des Weiterbildungsangebots genutzt?

(g) Gibt es beunruhigende Disparitäten in der Weiterbildung nach Geschlecht, Alter, Bildungshintergrund, Beruf, sozialer Lage und Region?

Die Worte "beunruhigend", "gravierend", "hinreichend" und "zureichend" sind hier mit Bedacht gewählt. Bei gesellschaftlich "weichen" Bereichen partizipieren und akzeptieren wir die Sorgen und diskutieren ausgleichende Maßnahmen in übergreifenden Arenen erst, wenn sie eine gewisse Größenordnung erreichen. Ohne die gestellten Fragen hier schon zu beantworten: Die Lage ist nicht so katastrophal, daß man eine völlige Neu- und Umgestaltung des Weiterbildungssystems fordern müßte; sie ist aber andererseits keineswegs so befriedigend, daß kein Veränderungsbedarf bestünde. Es lohnt sich zu fragen, was konkret zur Verbesserung geschehen könnte und wer zum Handeln aufgerufen ist.

Überlegungen, was zur Verbesserung der Weiterbildung getan werden und wie dies geschehen könnte, werden sehr schnell von großen ordnungspolitischen Debatten überlagert. Diese tendieren zu einer Überzeichnung, als ob jeweils bekennerhaft die Wahl zwischen einer vollständigen Kontrolle und Finanzierung durch den Staat und einer völligen Selbstregulierung über den Markt getroffen werden müsse. Öffentliche Verantwortung aber wurde vom Deutschen Bildungsrat vor über zwei Jahrzehnten explizit in die bildungspolitische Diskussion eingeführt, um die Tatsache zu unterstreichen, daß damit nicht notwendig staatliche Trägerschaft gemeint ist. Öffentliche Verantwortung kann z.B. in der finanziellen Förderung von Angeboten, die ohne öffentliche Hilfen nicht gesichert wären, in der Sorge um Mindeststandards in der Qualität oder in den Zertifikaten oder in der Förderung einer Infrastruktur für die Weiterbildung zum Ausdruck kommen. Man kann zusammenfassend pointierter formulieren: Wir beobachten einen Bedeutungsgewinn öffentlicher Verantwortung bei einem Rückgang öffentlicher Trägerschaft und Finanzierung.

Die Diskussion um öffentliche Verantwortung hat sich vor allem deshalb intensiviert, weil die Bedeutung von Weiterbildung für die Entfaltung von Personen und die gesellschaftliche Teilnahme zugenommen hat, weil Gewichtsverschiebungen innerhalb der verschiedenen Bereiche von Weiterbildung stattfinden und sich neue Institutionen in diesem System etablieren und weil die finanziellen Belastungen und der Einsatz gesellschaftlicher Ressourcen erheblich zugenommen haben. Dies führt dazu, daß die etablierten Aufgaben finanzieller Förderung, juristischer Absicherung, institutioneller Gewährleistung und infrastruktureller Unterstützung eine neue Dimension erreichen können. Eindeutig verliert Weiterbildung den Charakter des Okkasionellen insofern, als eine stärkere Förderung, klarere Regelungen, umfassendere Gewährleistung und gleichzeitig mehr Leistungen für die Infrastruktur als notwendig erachtet werden. Zur Entwicklung des Weiterbildungssystems in Schleswig-Holstein sind deshalb Schritte zu einem System des lebenslangen Lernens notwendig, auch wenn diese momentan vielleicht nur einen eingegrenzten Gestaltungshorizont eröffnen.

Gerade in der Gemengelage eines "weichen Systems" der Weiterbildung könnte man sich im Prinzip schneller als in vielen anderen Bereichen darauf verständigen, daß Handeln in öffentlicher Verantwortung oft effektiver, rationaler und balancierter ist:
- wenn nicht alles "dem Staat" übertragen wird, sondern Verantwortliche miteinander regelmäßig kooperieren,
- wenn viele Entscheidungen dezentral oder damit problem- und lösungsnah beraten und verwirklicht werden,
- wenn man vom Staat nicht die Dichotomie erwartet, einerseits bestimmte Aufgaben voll zu bezahlen und zu kontrollieren und sich andererseits aus anderen Bereichen ganz herauszuhalten, sondern man Zwischenlösungen, fließende Übergänge und vielversprechende Mischungen zwischen Regulation, Förderung, direkter Veranstaltung und Unterstützung durch Infrastrukturhilfen und Pflege unterstützender Strukturen zuläßt und etabliert,
- wenn staatliche Förderung sich auf Aufgaben konzentriert, die Multiplikatorwirkungen zur Funktionsverbesserung in einem weiten Rahmen erwarten lassen. Gerade deshalb wird z.B. seit einigen Jahren eher Einigung darüber erzielt, daß in öffentlicher Verantwortung Maßnahmen zur besseren Beratung, Information über Weiterbildungsangebote, zur Qualifizierung des Weiterbildungspersonals usw. ergriffen werden sollten.

Da sich die hier vorgelegten Empfehlungen an die politischen Akteure richten, geht es natürlich im besonderen darum, was in öffentlicher Verantwortung für die Weiterbildung zu geschehen hat. Wir plädieren dafür:
- daß in öffentlicher Verantwortung mehr als in der Vergangenheit regelmäßig in Zusammenarbeit der Hauptverantwortlichen geprüft wird, wo Schwächen liegen und Verbesserungen möglich erscheinen,

– daß die verschiedenen Institutionen der Weiterbildung, da wo es sinnvoll erscheint, ihre Kräfte bündeln, insbesondere zum Ausgleich von Disparitäten und zur Stärkung struktureller Bedingungen der Weiterbildungsangebote,

– daß finanzielle Förderung und übergreifende Regelungen da Akzente setzen, wo eine besonders weitreichende Wirkung erwartet werden kann: z.B. bei Support-Strukturen.

Dies wird auch deshalb vorgeschlagen, weil öffentliche Ausgabensteigerungen für die Weiterbildung nicht in dem Maße zu erwarten sind, wie Verbesserungen der Weiterbildung in öffentlicher Verantwortung naheliegen und sich aufdrängen. Damit wird jedoch nicht in Frage gestellt, daß auch die staatlichen Aufwendungen für Weiterbildung gesteigert werden müssen.

4

Bedarfsargumente und Entwicklungstendenzen

4.1 Zur Bedarfsdiskussion

Im Thesenpapier der Kommission Weiterbildung bei der schleswig-holsteinischen Landesregierung zum "Landesentwicklungsplan Weiterbildung" hieß es 1991: "Weiterbildungsbedarfe und Weiterbildungsbedürfnisse definieren die Zielsetzungen und Inhalte von Weiterbildung. Sie unterliegen einer ständigen Veränderung und müssen daher fortlaufend aktualisiert werden. Weiterbildung hat dazu beizutragen, Probleme zu erkennen, zu analysieren und Problemlösungsverhalten zu fördern (Kommission Weiterbildung bei der schleswig-holsteinischen Landesregierung 1991, S. 1)".

Für die Entwicklung des Weiterbildungssystems in Schleswig-Holstein wird also der Bedarfsdiskussion eine hohe Bedeutung zugemessen. Veränderungen waren in der Vergangenheit vor allem von der Arbeitswelt, der Wirtschaftsentwicklung, demographischen Strukturen und gesellschaftlichem Wertewandel abhängig. Von diesen scheinen auch in Zukunft die wichtigsten Veränderungsanstöße auszugehen. "Bedarfsermittlung" wird als ein Bindeglied zwischen Weiterbildungsprogrammen, Personaleinsatz und gesellschaftlichen Tendenzen gesehen. Allerdings ist, wenn in der Weiterbildung von "Nachfrage" oder "Bedarf" gesprochen wird, von wenig festen Größen auszugehen. "Bedarf" ist nicht exakt bestimmbar. Unter Experten herrscht weitgehend Einigkeit darüber, daß es kein Instrumentarium gibt, mit dem ein "Bedarf" an Weiterbildung empirisch-analytisch eindeutig feststellbar ist.

Ein "harter Kern" des "Bedarfs" scheinen Qualifikationen zur Aufgabenerfüllung am Arbeitsplatz zu sein. Allerdings sind schon Versuche, diese zu erfassen, erheblichen Schwierigkeiten ausgesetzt, denn im Verhältnis von Technik, Organisation und Personal gibt es auf der Ebene einzelner Betriebe ein ganzes Spektrum von Lösungsmöglichkeiten. Noch komplexer wird die Situation, wenn es darum geht, die Bedarfsfrage im Rahmen regionaler Arbeitsmarktpolitik oder sogar noch weiter im Zusammenhang gesamtgesellschaftlicher Perspektiven aufzuwerfen.

Oft findet sich dann ein Argumentationszirkel, daß "Bedarf" das sei, was als Angebot nachgefragt wird. Das Vertrauen auf Marktmechanismen ist Resultat prinzipieller Planungsdefizite, da in den Begriff "Bedarf" immer schon sowohl technische und ökonomische Rahmenbedingungen als auch interessenorientierte Handlungsspielräume eingehen. Was als "Bedarf" artikuliert wird, wird maßgeblich von Vorstellungen der Träger der Weiterbildung und von den Entscheidungen der Förderer und Geldgeber beeinflußt. Demgegenüber scheinen die Interessen der Anwender von Qualifikationen und der Teilnehmer an Programmen nicht ausreichend artikuliert zu werden.

Die Klärung des Bedarfes sollte nicht in einem technizistischen Bedarfsdenken erfolgen, das auf Sachzwänge abstellt und damit Handlungsspielräume ausblendet. Solche Argumentationsmuster folgen einem fünfstufigen Gedankengang - Arbeitsplätze, Aufgaben, Anforderungen, Qualifikationen, Lernen - und können allein in innovationsarmen Anpassungen enden. Will man gegenüber dieser Dominanz der scheinbaren "Sachbezüge" auf ein "potentialorientiertes Lernen" abstellen, muß zum Beispiel im Bereich der beruflichen Weiterbildung deutlich gemacht werden, daß betriebliche Entscheidungsmöglichkeiten bei allen drei Variablen gleichzeitig ansetzen können: der Technik, der Organisation und dem Personal. Qualifikation kann in diesem Zusammenhang als ein Entsprechungsverhältnis von individuellen, körperlichen und geistigen Voraussetzungen der Arbeitskräfte und technisch-organisatorischen Arbeitsbedingungen gesehen werden. Dies läßt viele, aber nicht beliebige Lösungen zu. Hier sollte nicht das technizistische durch ein "dezisionistisches Bedarfsmodell" ersetzt werden. Die Handlungsmöglichkeiten sind an jeweilige Rahmenbedingungen gebunden.

Eine "pragmatische Qualifikationspolitik" kann an der "Bedarfsentwicklung" als Ergebnis beruflicher und gesellschaftlicher Diskussionsprozesse ansetzen. Dies ist nur möglich durch den Einbezug der Akteure selbst bei der Bestimmung dessen, was als "Bedarf" ermittelt wird. Gleichzeitig ermöglicht dies eine Gestaltung der betrieblichen Abläufe durch Arbeitnehmer. Dabei kann ein Rahmenbedingungs-Spielraum-Modell entwickelt werden: Es gibt jeweils dominante Tendenzen, welche durch konkrete Interessenbezüge und Machtkonstellationen gefüllt werden (vgl. Benkert 1993; Interministerielle Arbeitsgruppe der Landesregierung Schleswig-Holstein 1989, S. 118ff.; Gnahs/Borchers/Bergmann 1988).

Da so gewonnene "Bedarfe" keineswegs prognostisch exakt, empirisch-analytisch vollständig definiert werden können, ergeben sich Kriteriendefizite bei der Kurs- und Programmplanung. Das Spektrum der Methoden der Bedarfsentwicklung ist breit gestreut. Je "weicher" die Bedarfsvermutungen bezogen auf den Gegenstandsbereich von Weiterbildung sind, desto mehr treten gegenüber statistisch-methodischen Instrumentarien kommunikationsorientierte Verfahren in den Vordergrund (vgl. u.a. Gerhard 1992, S. 22ff.):

(a) Initiativen zur Mobilisierung latenter Nachfrage,

(b) Angebotsanalysen: Analysen von Programmen und Angeboten ähnlicher Zielsetzung von anderen Weiterbildungseinrichtungen und Betrieben,

(c) "Experimente": Ermittlung des vermuteten Bedarfs durch probeweise Angebote (oft verbunden mit der "Analyse" von Teilnehmerstatistiken oder Initiativen der Dozenten, die sich an ihrem Wissen und Interessen orientieren),

(d) Analysen des Standes der wissenschaftlichen Kenntnisse: Auswertung von Fachzeitschriften und Forschungsberichten (auch: Sichtung und Auswertung von rechtlichen Vorschriften, Stellenanzeigen etc.),

(e) Medienanalysen: Sichtung von Zeitschriften, Rundfunk- und Fernsehsendungen,

(f) Anforderungsanalysen: Empirische Verfahren in Betrieben, Berufs- und Tätigkeitsfeldern,

(g) Teilnehmer-/Absolventenbefragungen: Erfahrungen der Teilnehmer und Absolventen mit den Ergebnissen von Weiterbildungsangeboten,

(h) Institutionelle Kontakte mit Förderern: Ausrichtung der Planung an den Anforderungen der Arbeitsverwaltung,

(i) Institutionelle Kooperation mit Vertretern der "Praxis": z.B. Bedarfsmeldungen durch Betriebe,

(j) Angebotsbezogene Kommunikation mit Fachleuten, Teilnehmern und Dozenten (durch informelle Gespräche mit Verbands-, Fach- und Interessenvertretern oder strukturierte Experteninterviews mit Akteuren auf der betrieblichen und überbetrieblichen Ebene).

Es gibt auch in Schleswig-Holstein diese vielfältigen Methoden der Bedarfsermittlung durch Weiterbildungsinstitutionen. Nach der "Weiterbildungsumfrage '94" ermittelten 50 Prozent der Weiterbildungsinstitutionen ihren Bedarf durch probeweise Angebote, 47 Prozent durch Befragung von Teilnehmern und Absolventen und 39 Prozent aus Initiativen von Dozenten. Systematischere Bedarfsermittlungsmethoden wie z.B. die Sichtung und Auswertung rechtlicher Vorschriften oder die Auswertung von Stellenanzeigen haben mit elf bzw. fünf Prozent eine relativ geringe Bedeutung. Bei den Volkshochschulen dominiert die Ermittlung des Bedarfs ebenfalls durch probeweise Angebote, durch Initiativen durch Dozenten, durch Befragung von Teilnehmern und Absolventen, durch die Analyse der Programme anderer Institutionen und schließlich durch die Mobilisierung von Nachfrage. Einen relativ engen Kontakt zu Betrieben scheinen vor allem die Hochschulen, arbeitgeberorientierte Institutionen, Einrichtungen der Industrie- und Handelskammern, handwerksorientierte Träger und Fachschulen zu haben.

Übersicht 5
Ermittlung des Weiterbildungsbedarfs für die Programmplanung, nach Art der Institution (in Prozent, Mehrfachnennungen)

	Art der Institution													Gesamt
	VHS	UNI	AÖI	GE	KI	AG	IHK	HW	FV	PS	ZBW	FS	S	
Ausrichtung an den Planungen der Arbeitsverwaltung	7	0	6	57	0	0	100	31	13	21	0	14	8	14
Bedarfsmeldung durch Betriebe	8	38	24	36	18	67	100	54	52	25	0	43	17	24
Ermittlung des vermuteten Bedarfs durch probeweise Angebote	74	38	24	43	59	50	50	31	48	41	17	38	25	50
Marktanalyse	9	25	24	21	6	17	100	23	13	25	0	0	25	16
Beratungskontakte (auch empirische Erhebungen in Betrieben)	12	13	12	36	35	67	50	31	22	18	0	29	17	19
Analyse von Teilnehmerstatistiken	36	0	12	29	29	50	100	8	17	21	17	29	29	27
Befragung von Teilnehmern/Absolventen	67	13	24	36	65	33	100	23	35	41	0	43	46	47
Mobilisierung von Nachfrage	44	13	24	43	35	0	100	23	26	21	33	5	33	30
Initiativen von Dozenten	73	25	29	14	59	17	100	0	22	23	0	10	33	39

(wird fortgesetzt)

Fortsetzung Übersicht 5

	Art der Institution													Gesamt
	VHS	UNI	AÖI	GE	KI	AG	IHK	HW	FV	PS	ZBW	FS	S	
Sichtung und Auswertung von Zeitschriften, Fernsehsendungen, Fachliteratur, etc.	30	0	12	7	24	17	50	15	22	23	0	14	4	21
Analyse der Programme anderer Institutionen	58	0	6	7	35	17	100	8	22	21	0	10	13	30
Sichtung und Auswertung rechtlicher Vorschriften	5	13	18	14	12	17	50	8	17	11	0	24	13	11
Auswertung der Anforderungen in Stellenanzeigen	4	0	6	14	0	0	50	8	0	10	0	0	4	5
Sonstige Bedarfsermittlung	7	0	29	14	18	0	0	15	13	12	0	5	13	11
Keine Angabe	1	25	12	0	12	0	0	8	4	8	67	14	4	7
Total	433	200	259	371	406	350	1050	285	326	319	133	276	283	351
(n)	(103)	(8)	(17)	(14)	(17)	(6)	(2)	(13)	(23)	(73)	(6)	(21)	(24)	(327)

Quelle: "Weiterbildungsumfrage '94"

Übersicht 6
Ermittlung des Weiterbildungsbedarfs für die Programmplanung nach Angebotsbereichen der Weiterbildungsinstitutionen (in Prozent; Mehrfachnennungen)

	Bereiche der Weiterbildung							Gesamt
	Politik	Allg.	Beruf	Politik + Allg.	Politik + Beruf	Allg. + Beruf	Politik + Allg. + Beruf	
Ausrichtung an den Planungen der Arbeitsverwaltung	0	2	28	0	0	11	9	14
Bedarfsmeldung durch Betriebe	11	2	47	6	20	17	21	26
Ermittlung des vermuteten Bedarfs durch probeweise Angebote	33	49	37	50	40	65	70	51
Marktanalyse	22	6	24	31	0	15	13	17
Beratungskontakte (auch empirische Erhebungen in Betrieben)	11	4	29	6	20	13	30	20
Analyse von Teilnehmerstatistiken	22	23	16	31	60	31	47	27
Befragung von Teilnehmern/Absolventen	33	45	31	69	80	65	64	49
Mobilisierung von Nachfrage	33	21	21	50	0	26	55	30
Initiativen von Dozenten	22	45	19	50	40	52	66	40
Sichtung und Auswertung von Zeitschriften, Fernsehsendungen, Fachliteratur etc.	11	9	15	25	60	26	43	22
Analyse der Programme anderer Institutionen	22	21	13	38	60	46	57	31
Sichtung und Auswertung rechtlicher Vorschriften	11	0	20	0	20	7	13	12
Auswertung der Anforderungen in Stellenanzeigen	0	0	10	0	0	4	8	6
Sonstiges	11	19	10	6	0	11	9	11
Keine Angabe	11	6	8	6	0	2	0	5
Gesamt	256	253	329	369	400	391	506	361
(n)	(9)	(47)	(108)	(16)	(5)	(54)	(53)	(292)

Quelle: "Weiterbildungsumfrage '94"

Besonders für die arbeitgeberorientierten Institutionen und die Einrichtungen der Industrie- und Handelskammern sind Beratungskontakte (auch zu Betrieben) relevant für die Bedarfserhebung. Die gewerkschaftsorientierten und kirchlichen Institutionen stützen sich zu 42 bzw. 59 Prozent auf die Ermittlung des Bedarfs durch probeweise Angebote. Bei den gewerkschaftsorientierten Trägern wird dies durch die Mobilisierung von Nachfrage mit 43 Prozent und bei kirchlichen Institutionen durch Initiativen von Dozenten mit 59 Prozent ergänzt (vgl. Übersicht 5).

Besonders für die Träger beruflicher Weiterbildung ist der Kontakt zu ihren potentiellen Kunden - die Arbeitsverwaltung und die Betriebe - im Rahmen der Bedarfsermittlung und Programmplanung wichtig. Auffällig ist außerdem, daß, je komplexer das Angebotsspektrum der einzelnen Institutionen ist, d.h. je mehr sie sowohl politische als auch allgemeine und berufliche Weiterbildung anbieten, desto breiter ist das Methodenspektrum der Bedarfsermittlung und Programmplanung. Die "Institutionen mit breiter Angebotspalette" scheinen vielfältigere Methoden anzuwenden (vgl. Übersicht 6). Es scheint - dafür kann das quantitative Wachstum und der Bedeutungszuwachs der Weiterbildung als Beleg herangezogen werden - unabweisbar, daß ein "Weiterbildungsbedarf" zunimmt. Es bleibt aber offen, wie dieser artikuliert, erfaßt und in Weiterbildungsangebote umgesetzt werden kann, zumal Angebote in der Weiterbildung nicht ausschließlich auf einen manifesten, artikulierten Bedarf aufbauen dürfen, sondern auch einen erst latenten Bedarf einbeziehen können und müssen (vgl. Jechle/Kolb/Winter 1994, S. 7). Ansätze dafür können dann nicht nur im Weiterbildungsbereich selbst geklärt werden, sondern setzen voraus, daß eine Einbindung in wirtschafts- und gesellschaftspolitische Strategien besteht. Prognostische Aussagen können aber - bei aller Ungesichertheit - wenigstens auf einige Strukturtendenzen abstellen, die sich nicht zuletzt aus der Wirtschaftsentwicklung und Arbeitswelt (vgl. Abschnitt 4.2), der Bevölkerungsentwicklung (vgl. Abschnitt 4.3) und einem stetigen Wertewandel (vgl. Abschnitt 4.4) ergeben. Was wir aus den Analysen gesellschaftlicher Trends begründen können, sind einige Tendenzen, welche Rahmenbedingungen für die Weiterbildung herstellen.

4.2 Wirtschaftsentwicklung und Arbeitswelt

Veränderungen in der Arbeitswelt sind sicherlich die am wenigstens zu leugnende und die meist genannte Quelle für neue Weiterbildungserfordernisse. Sie werden im starken Maße als von beruflichen Anforderungen oder Risiken auf dem Arbeitsmarkt beeinflußt gesehen. Sowohl zur Beseitigung von Arbeitskräfteengpässen, wie z.B. Facharbeitermangel, als auch bei der Bekämpfung von Arbeitslosigkeit erhält Weiterbildung ihren Stellenwert zugewiesen.

Einen wichtigen Qualifikationsschub gab und gibt es durch das Eindringen "neuer Techniken" in immer breitere Berufsbereiche. Die Weiterbildung hat z. B. verglichen mit anderen Bildungsbereichen dynamisch auf den sich ausweitenden Einsatz neuer Informations- und Kommunikationstechniken reagiert.

Die sich beschleunigenden Entwicklungstendenzen des Beschäftigungssystems erfordern bei wachsenden Teilen der Erwerbsbevölkerung auch einen Berufswechsel, der nur durch weitreichende Lernanstrengungen zu bewältigen ist. Angesichts des unsicheren Prognosehorizonts für zukünftige Arbeitsplätze ist es gerade dafür nötig, Flexibilität sowie die nötige Lernbereitschaft zu fördern. Sektoral verschiebt sich der Schwerpunkt der Tätigkeiten in Richtung "Dienstleistungen". Die Anzahl der Beschäftigten im Dienstleistungsbereich hat in den letzten Jahren in Schleswig-Holstein drastisch zugenommen. Der Prozeß der Tertiärisierung hat in Schleswig-Holstein heute schon eine stärkere Bedeutung als in anderen Bundesländern (vgl. Schmidt 1993b, S. 3ff.; Prahl 1992, S. 118ff.; Schöne 1992, S. 171ff.).

"Dienstleistungen" - z.B. im Tourismusbereich - sind maßgeblich von den sozialen und fachlichen Fähigkeiten und Fertigkeiten der Beschäftigten bestimmt. Qualitätssteigerungen, wie sie z.B. heute im Sinne einer stärkeren "Kundenorientierung" gefordert werden, sind besonders von der Entwicklung der Qualifikationen der Beschäftigten abhängig. Es steigt mit der stärkeren Ausbreitung von Dienstleistungstätigkeiten aber auch das *formale Qualifikationsniveau*. Während der Bedarf an ungelernten Arbeitskräften weiter zurückgeht, steigt der Anteil in den Berufsgruppen Organisation und Management, Ausbilder sowie Forschung und Entwicklung. Innerhalb der einzelnen Arbeitstätigkeiten wird zwar immer wieder fachliche Spezialität gefordert. Angesichts der Aufgabendynamik müssen aber darüber hinaus *Transferpotentiale* der Qualifikationen gesichert werden. Solche Bewältigungsstrategien setzen immer stärker auf die *Persönlichkeit* der Arbeitenden selbst. Stichwörter wie Verantwortungsbewußtsein, Selbständigkeit und Kooperation verweisen auf Managementstrategien, welche Gestaltungspotentiale von Personalentwicklung einbeziehen in Konzepte der Organisationsentwicklung. Deshalb stehen Weiterbildungs- und Personalentwicklungsmaßnahmen im Mittelpunkt aktueller Diskussionen zur Veränderung der Unternehmens- und Arbeitswelt. Konzepte wie "lean production", "flache Hierarchien" oder "Unternehmenskultur" verdeutlichen einen Einstellungswandel in dem Bereich. Diese neuen Unternehmenskulturen, die sich heute schon in Ansätzen mit dem Begriff einer "lernenden Organisation" beschreiben lassen, gehen nicht mehr davon aus, daß durch die betriebliche Weiterbildung die Mitarbeiter von der produktiven Arbeit abgehalten werden, sondern daß für jeden einzelnen die Persönlichkeitsentwicklung durch Weiterbildung den Unternehmenserfolg voranbringt. Qualifikationen und Qualifizierungsbereitschaft der Beschäftigten werden zum zentralen Faktor in Unternehmen, um die Wettbewerbsfähigkeit langfristig zu sichern. Dem Personalbereich und im besonderen der Personalentwicklung wird eine zentrale Bedeutung für Stärke und Bestandsfähigkeit der Unternehmen zugeschrieben (vgl. Jantz 1995; Döring/Faulstich 1995).

Gegenüber dem starken Anstieg der Arbeitslosigkeit in den westlichen Bundesländern lag der Zuwachs in Schleswig-Holstein in den letzten Jahren unter dem Durchschnitt. Im Januar 1995 gab es hier 112.516 registrierte Arbeitslose von 2.744.666 in den alten Bundesländern und damit eine Beschäftigungslücke von insgesamt ca. 140.000 Arbeitsplätzen. Dabei hatte Schleswig-Holstein eine offiziell registrierte Arbeitslosenquote von 9,9 Prozent. Dies entspricht genau dem Durchschnitt der westdeutschen Bundesländer. Das unterdurchschnittliche Wachstum der Arbeitslosigkeit gegenüber anderen Bundesländern ist u.a. darauf zurückzuführen, daß Schleswig-Holstein keine größeren Beschäftigungsanteile in den momentanen Krisenbranchen mehr hat. Die ehemals rückständige Wirtschaftsstruktur, die zu einem schon frühen Strukturwandel geführt hat, wird jetzt möglicherweise zu einem Vorteil. Die Anzahl der Beschäftigten in Dienstleistungsbereichen hat in Schleswig-Holstein in den vergangenen Jahren drastisch zugenommen. Dienstleistungen und Handel haben gegenüber anderen Bundesländern eine besonders hohe Bedeutung (vgl. Übersicht 7). Daß der industrielle Wirtschaftssektor hier nie dominiert hat, kann nun zu einem Standortvorteil in der "postindustriellen Dienstleistungsgesellschaft" werden (vgl. Hradil/Müller 1993, S. 14).

Schleswig-Holstein hatte also schon früher seine Strukturkrise z.B. im Schiffbau bzw. in der Lederindustrie Neumünster oder der Textilindustrie in Mittelholstein. Dies führte dazu, daß der Industriebesatz früh modernisiert wurde. Insgesamt entwickelte sich eine Mischstruktur. Diese besteht aus kleingewerblichen Betrieben, die vor allem in Handel und Dienstleistung tätig und weitgehend rezessionsresistent sind. Das hat auch zu einer niedrigen Kurzarbeiterquote in Schleswig-Holstein geführt.

Zu dieser positiven Entwicklung hat aber nicht zuletzt auch die offensive Politik im Bereich Fortbildung und Umschulung (FuU) der Arbeitsverwaltung beigetragen. Das Landesarbeitsamt-Nord ging und geht davon aus, durch FuU-Maßnahmen die Wirtschaftskraft zu verbessern. Heute hat z.B. Schleswig-Holstein von allen Bundesländern den höchsten Anteil an sozialversicherungspflichtigen Beschäftigten an der erwerbstätigen Bevölkerung. Auch hat das Land mit einer Quote von ca. 70 Prozent eine Spitzenstellung bei der Eingliederung nach FuU-Maßnahmen.

38

Übersicht 7:
**Sozialversicherungspflichtige Beschäftigte in Schleswig-Holstein im Vergleich
zur Bundesrepublik Deutschland (West) und Hessen (30.06.1991 bzw.
30.06.1992; in Prozent)**

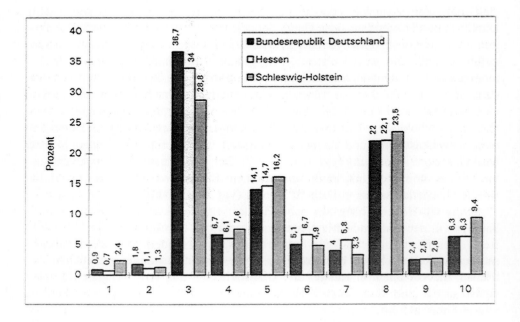

1 = Land- und Forstwirtschaft, Tierhaltung, Fischerei; 2 = Energiewirtschaft, Wasserversorgung,
Bergbau; 3 = Verarbeitendes Gewerbe; 4 = Baugewerbe; 5 = Handel; 6 = Verkehr, Nachrichten-
übermittlung; 7 = Kreditinstitute und Versicherungsgewerbe; 8 = Sonstige Dienstleistungen; 9 =
Organisationen ohne Erwerbscharakter, private Haushalte; 10 = Gebietskörperschaften, Sozialversi-
cherung

Quelle: Statistisches Landesamt Schleswig-Holstein 1993, S. 41

4.3 Bevölkerungsentwicklung

Unter den Einflußfaktoren, die bei der Einschätzung zukünftiger Veränderungen
in der Weiterbildung zu beachten sind, scheint die Bevölkerungsentwicklung noch
am leichtesten abschätzbar. Die einschlägigen Prognosen sind jedoch ebenfalls
mit vielen Unsicherheiten belastet. Diese ergeben sich aus der Zuwanderung aus
Osteuropa, der deutschen Vereinigung, der europäischen Integration und aus dem
Zustrom von Asylbewerbern. Die gegenwärtig diskutierten politischen Instrumente scheinen allesamt ungeeignet, um diesen Prozeß zu steuern. Für Schleswig-
Holstein werden folgende demographische Entwicklungen prognostiziert:

(a) Die *Altersstruktur* verändert sich. Der Anteil der älteren Menschen steigt weiter an. Schon heute hat Schleswig-Holstein in der Bundesrepublik einen der höchsten Anteile an Alten und einen der niedrigsten an Jugendlichen. Die Zahl und der Anteil der Senioren, die über 60 Jahre alt sind, wird weiter beständig wachsen, wobei der "Altenquotient" noch stärker als in anderen Bundesländern zunimmt. Während 1992 jeder fünfte Einwohner in Schleswig-Holstein 60 Jahre und älter war (21 % = ca. 556.000 Personen), werden es im Jahre 2010 25,8 Prozent (ca. 730.000 Personen) sein. Im Jahre 2030 könnte sich der Anteil an "Alten" sogar bis auf 35 Prozent erhöht haben (vgl. Hradil/Müller 1993, S. 63ff.; 115ff.*)*

(b) Der *Umfang der Bevölkerung* in Schleswig-Holstein kann schon seit Anfang der siebziger Jahre nur durch Zuwanderungen gehalten werden, da ein Geburtendefizit besteht. Im Jahre 2030 würde es - ohne Zuwanderungen - nur noch 2,2 Mio. Einwohner in Schleswig-Holstein geben. Diese Entwicklungsrichtung ist aber unwahrscheinlich. Vielmehr wird erwartet, daß im Jahr 2000 rund 2,8 Mio. und im Jahr 2010 ca. 2,83 Mio. statt wie 1992 2,65 Mio. Einwohner in Schleswig-Holstein leben werden. Diese Zunahme ergibt sich aus Wanderungsgewinnen, die aus der Zuwanderung von Aussiedlern und zunehmend mehr von anderen Ausländern resultieren (vgl. ebenda, S. 74 ff.*)*

(c) Mit einem Bevölkerungsanteil von drei Prozent leben in Schleswig-Holstein weniger Ausländer als in allen anderen Bundesländern (Bundesdurchschnitt 6,8 %); im Jahre 1987 waren es ca. 76.000. Der Anteil ausländischer Mitbürger wird aber voraussichtlich deutlich ansteigen auf zehn Prozent im Jahre 2010 und 25 Prozent im Jahre 2030 (vgl. ebenda, S. 82ff.; Prahl 1992, S. 111f.)

(d) Der Nachwuchs an *Erwerbstätigen* droht um über ein Drittel geringer auszufallen als zur Erhaltung des Bestandes notwendig. Gleichzeitig steigt das Durchschnittsalter der Erwerbsbevölkerung. Die Zahl der Erwerbspersonen in Schleswig-Holstein ist von 1970 bis 1990 ohnehin schon stärker als im Bundesdurchschnitt gewachsen, weil es vor allem einen hohen Überschuß der ins Erwerbsleben eintretenden gegenüber den austretenden Personen gab, eine hohe Zuwanderung erfolgte und weil Frauenerwerbstätigkeit ein überdurchschnittliches Maß erreichte. Ohne Zuwanderungen und bei konstanter Erwerbsbeteiligung verschiedener Bevölkerungsgruppen würde die Zahl der Erwerbspersonen von heute 1,3 Mio. auf 0,86 Mio. im Jahre 2030 sinken. Die Zahl der jüngeren Erwerbspersonen (unter 30 Jahre) könnte sich sogar halbieren. Aufgrund von Zuwanderungen wird die Zahl der Erwerbstätigen jedoch bis zum Jahr 2010 auf zunächst 1,31 Mio. geschätzt, um dann bis zum Jahr 2030 auf nur 1,05 Mio. zurückzufallen. Darüber hinaus werden mehr Frauen der Erwerbsbevölkerung angehören. Schon von 1970 bis 1987 stieg der Anteil der erwerbstätigen Frauen. Der Anteil von 39,1 Prozent (1992) wird sich wahrscheinlich auf 42,1 Prozent (2010) erhöhen. Auch wird sich der Ausländeranteil erhöhen (vgl. Hradil/Müller 1993, S. 219 ff.).

(e) Schließlich sind Änderungen im *Bildungsverhalten* zu bedenken. Schleswig-Holstein erlebte schon in den letzten Jahren einen noch über den Bundesdurchschnitt liegenden Trend zu weiterführenden Schulen, insbesondere zu den Gymnasien und integrierten Gesamtschulen. Eine Fortsetzung dieses Trends wird erwartet. Gleichzeitig wird eine steigende Nachfrage nach Studienplätzen und eine höhere Anzahl von Hochschulabsolventen prognostiziert (vgl. ebenda, S. 202 ff.).

Daraus ergeben sich auch Konsequenzen für die Weiterbildung. Die Bedeutung der Weiterbildung gegenüber der Erstausbildung wächst, da weniger neu ausgebildete Arbeitskräfte zur Verfügung stehen und der Anteil der Erwachsenen an der Bevölkerung zunimmt. Die Weiterbildung von Älteren wird aufgrund der Verschiebung der Alterspyramide zu einer zunehmend relevanten Aufgabe. Durch den höheren Anteil von Ausländern werden interkulturelle Probleme an Gewicht gewinnen. Mit der zwischenzeitlich zwar immer wieder rückläufigen, aber langfristig zunehmenden Beteiligung von Frauen am Erwerbsleben nimmt die Bedeutung spezifischer Angebote zu. Schließlich wird im Rahmen der demographischen Entwicklung der Anteil der Schulabgänger mit höheren Abschlüssen regelmäßig wachsen, d.h., in den Erwachsenenbildungsveranstaltungen wird langfristig der Anteil von Teilnehmern mit höheren Bildungsabschlüssen weiter ansteigen.

4.4 Wertewandel

Veränderte Bezüge zur Arbeitswelt und Umbrüche in der demographischen Struktur sind auch Auslöser für weitgehende Einstellungsveränderungen breiter Bevölkerungsgruppen. Eine Reihe von Untersuchungen haben auf einen grundlegenden Wertewandel hingewiesen. Danach werden "immaterielle Werte" zunehmend wichtiger, nachdem die grundlegenden "materiellen" Bedürfnisse befriedigt sind: verringertes Gewicht der Erwerbsarbeit und Abkehr vom abstrakten Leistungsprinzip; Humanisierung der Arbeit; Infragestellung vorgegebener Strukturen und Suche nach eigenem Sinn; stärkere Kontaktbedürfnisse; gestiegene Ansprüche an Selbstverwirklichung; Rückgang der Aufstiegsorientierung; Steigen des Körper- und Gesundheitsbewußtseins; wachsendes Umweltbewußtsein; höhere Ansprüche an Information und Partizipation; gestiegenes Sicherheitsbedürfnis.

Wertewandel vollzieht sich sozialstrukturell unterschiedlich und ungleichzeitig bei verschiedenen Gruppen. "Alte" und "neue" Werte werden in verschiedenen Sozialisationsformen und Wertsystemen gelebt (Klages 1993). So faßt z.B. die Typologie des SINUS-Instituts Milieus zusammen, die sich in Lebensauffassung und Lebensweisen ähneln, die also gleichsam eine "subkulturelle Einteilung in der Gesellschaft bilden" (Ueltzhöffer/Flaig 1992, S. 5).

Die Befunde über Bevölkerungsentwicklung und Erwerbsverhalten und deren Verteilung auf soziale Milieus legen die Vermutung nahe, daß Schleswig-Holstein eher zu den Regionen fortgeschrittenen soziokulturellen Wertewandels gehört. Dies wird auch durch die Erhebungen der Forschungsgruppe Sozialkulturwandel (agis/Universität Hannover) belegt. Danach leben in Schleswig-Holstein mehr Vertreter des "hedonistischen" Milieus und des "neuen Arbeitermilieus" und deutlich weniger Angehörige konservativer bzw. traditioneller Milieus in Bürgertum und der Arbeiterschaft (vgl. Hradil/Müller 1993).

Neue Herausforderungen an die Erwachsenenbildung in Kontext des so verstandenen Wertewandels werden sich also für Schleswig-Holstein wahrscheinlich schneller stellen als im Bundesdurchschnitt. Programme der Erwachsenenbildung werden mit den veränderten Einstellungen der Teilnehmenden rechnen müssen. Statt Konsumverhalten in Kursen wird eine größere Gruppe auch Eigenaktivitäten einbringen wollen. Dies legt nahe, daß die Inhalte stärker auf Verbindung zwischen verschiedenen Aspekten und auf Ganzheitlichkeit abgestellt sein müssen. Das Interesse an Erwachsenenbildung dürfte in sozialen Kontexten wachsen, welche verstärkt zu partiellen Themen aktiv werden.

Betrachtet man beispielsweise die Bewertung von Arbeits- und Berufstätigkeit oder etwa von Umweltfragen, so scheint sich in der Bevölkerung der Bundesrepublik Deutschland ein langfristiger Wandel der grundlegenden Einstellungen herauszubilden. Die Wertorientierungen, d.h. die langfristig angelegten, individuellen Leitgrößen des Wahrnehmens und Verhaltens haben sich in den letzten Jahrzehnten verändert. Es vollzog sich ein Wandel von Pflicht- und Akzeptanzwerten zu Selbstentfaltungswerten. Dies geschah im Zusammenhang von Individualisierungsprozessen, in denen die Eigenständigkeit und Eigenverantwortlichkeit zu kulturellen Leitgrößen wurden. Der Suche nach Identitätschancen wird gegenüber einer losgelösten Leistungsbewertung ebenso höheres Gewicht zugemessen wie der Erhaltung und Rekonstruktion der natürlichen Lebensumgebung. Dies drückt sich darin aus, daß die Bedeutung des Bereichs Arbeit und damit verbundener Sekundärtugenden (z.B. Ordnung) sich heute ungefähr auf dem gleichen Niveau wie die Werte "Selbstdurchsetzung" und "Toleranz" befinden. Zerfallen ist die bedingungslose Bereitschaft zur Unterordnung, Gehorsam und Anpassung. Dieser Wandel läßt sich nicht zuletzt durch Faktoren wie das höhere Bildungsniveau der Bevölkerung und den größeren Einfluß von Medien erklären. Erkennbar ist auch ein deutlicher Rückzug ökonomischer Motive und eine stärkere Orientierung der Bedürfnisbefriedigung auf das "Hier und Jetzt". Dies wird als Anpassung der Werte an das Anwachsen der frei verfügbaren Zeit und des Einkommens seit den sechziger Jahren interpretiert. Das Ergebnis ist eine Gemengelage, in der alte und neue Wertmuster bei unterschiedlichen sozialen Milieus nebeneinander existieren (vgl. Vester u.a. 1993). Bei verstärkten Risikopotentialen und zunehmenden Partizipationspostulaten wird der Weiterbildung hohe Bedeutung zukommen im Hinblick auf: die Diskussion einer normativen Minimalbasis gegenseitigen Verstehens und demokratischer Umgangsformen, die Vermittlung von Fähigkeiten, sich an der Bewältigung von Krisenpotentialen zu beteiligen, die Motivation, aktiv in demokratischen Entscheidungsprozessen zu handeln und letztlich die Bewältigung des Zusammenwachsens der verschiedenen Lebensbereiche und deren zunehmender Überschneidung und Vernetzung (vgl. Gensicke 1994, S. 117ff.).

Auch Umweltfragen erhalten dabei für die Weiterbildung eine größere Bedeutung, da die Erhaltung und Wiederherstellung der natürlichen Lebensgrundlagen zunehmend schwieriger wird. Viele Unternehmen überprüfen inzwischen freiwillig ihre Produkte und Herstellungsverfahren. Gleichzeitig formuliert der Staat neue Anforderungen. Vom Handwerker bis zum Manager gewinnen deshalb die Förderung von Fähigkeiten und die Vermittlung von Kenntnissen für einen sorgfältigen Umgang mit der Natur eine hohe Priorität. Besonders die Verschmutzung der Meere hat für Schleswig-Holstein als Küstenstaat besondere Bedeutung, u. a. weil der damit verbundene Tourismus wichtig für die wirtschaftliche Entwicklung ist (vgl. Mikelskis 1992, S. 251 ff.). Insgesamt erhält die Entwicklung von Verantwortung gegenüber Gesellschaft und Natur ein noch höheres Gewicht.

Die genannten gesellschaftlichen Trends setzen neue Rahmenbedingungen für die Erwachsenenbildung. Alle diese Aspekte sprechen für ein Zusammenwachsen noch getrennter Funktionsbereiche von Erwachsenenbildung, nicht zuletzt der "allgemeinen" und der "beruflichen" Bildung.

5

Rechtliche Regelungen und institutionelle Strukturen des Weiterbildungsangebots

5.1 Rechtliche Rahmenbedingungen in Schleswig-Holstein

Die Integration und das Zusammenwachsen des Weiterbildungssystems und seine übergreifende Funktionserfüllung sind nur auf der Durchführungsebene ein - lösbares - didaktisches und curriculares Problem. Darüber haben sich institutionelle und juristische Fixierungen etabliert, welche einerseits die Partialsysteme stabilisieren, andererseits aber auch Funktionalität behindern können.

Einschlägige juristische Regelungen erfolgen auf der Bundes- und der Landesebene. Während durch Bundesgesetze und Verordnungen vor allem die "berufliche Weiterbildung" strukturiert wird, konzentriert sich das Landesrecht auf die Regelung der "politischen, allgemeinen und kulturellen Bildung". Diese Trennung der Regelungskompetenzen zwischen Bund und Ländern ist im Grundgesetz der Bundesrepublik Deutschland verankert.

Auf Bundesebene sind relevant:

(a) Das Arbeitsförderungsgesetz (AFG); es hat auf Bundesebene eine große Bedeutung für die Förderung beruflicher Bildung. Es schließt die Förderung der "allgemeinen" Bildung, d.h. Bildung nach den Zielsetzungen der allgemeinbildenden Schulen, aus. Berufliche Bildung wird dabei als Vorbereitung auf qualifizierte Erwerbstätigkeit verstanden. Für die Förderung von Fortbildung und Umschulung sind besonders die §§ 41ff., 47 AFG und für die Förderung von Einrichtungen der beruflichen Bildung die §§ 50ff., 55 AFG relevant, nach denen die Bundesanstalt für Arbeit Einrichtungen, die der Ausbildung, Fortbildung und Umschulung dienen, durch die Gewährung von Investitionshilfen oder -zuschüssen fördern kann. Die Gewährung dieser Subventionen kann an verschiedene Bedingungen geknüpft und mit Auflagen versehen werden (vgl. Richter 1993, S. 92ff.).

(b) Das Berufsbildungsgesetz (BBiG) und die Handwerksordnung (HWO) regeln z. B. Fortbildungsprüfungen in der Weiterbildung. Durch die Prüfungsregelungen werden indirekt qualitative Anforderungen an die Weiterbildung formuliert, die von den zuständigen Stellen als Prüfungsinstanzen überwacht werden. Dies betraf 1991 1.279 Fortbildungsregelungen für 258 Fortbildungsberufe und 29 Umschulungsregelungen für 22 Berufe.

(c) Weitere bundesrechtliche Regelungen sind für Teilbereiche der Weiterbildung bedeutsam. Dazu gehört das Darlehensprogramm des Bundes zur Förderung von beruflichen Fortbildungsmaßnahmen, das Soldatenversorgungsgesetz, das Rehabilitations-Angleichungsgesetz und das Fernunterrichtsschutzgesetz. Darüber hinaus regelt das Bundesausbildungsförderungsgesetz (BAföG) die Förderung von Schülern des zweiten Bildungsweges.

Für Schleswig-Holstein gilt:

(a) Rechtliche Grundlage für die Weiterbildungspolitik ist die Verfassung des Landes, die in Artikel 9 Abs. 2 eine Förderungsverpflichtung für die Weiterbildung enthält: "Die Förderung der Kultur und der Erwachsenenbildung, insbesondere des Büchereiwesens und der Volkshochschulen, ist Aufgabe des Landes, der Gemeinden und Gemeindeverbände".

(b) Bis auf Schleswig-Holstein und Sachsen haben alle Flächenländer der Bundesrepublik die Förderung der Weiterbildung durch Landesgesetze geregelt. Das am 1.7.1990 in Kraft getretene "Bildungsfreistellungs- und Qualifizierungsgesetz" (BFQG) Schleswig-Holsteins ist demgegenüber als Ordnungs-, Orientierungs- und Entwicklungsgesetz angelegt. Es enthält im § 5 eine Finanzierungsgrundlage ("das Land fördert die Weiterbildung nach Maßgabe des Haushalts"), in § 17 Regelungen für die Förderung von Maßnahmen der Weiterbildung sowie im § 18 für die Förderung zielgruppenbezogener oder integrativer Modellvorhaben der Bildungsfreistellung. Es legt also keine finanziellen Ansprüche fest, sondern ermöglicht eine institutionelle oder projektbezogene Förderung nach Maßgabe des Haushalts. Das BFQG ist also hauptsächlich ein Bildungsurlaubsgesetz, aber kein Weiterbildungsgesetz bezogen auf Finanzierung. Nach § 6 Abs. 1 BFQG können Freistellungen für die Lernbereiche der allgemeinen, beruflichen und politischen Weiterbildung erfolgen. Die Anerkennung der Träger durch das Kultusministerium nach dem BFQG hat in Schleswig-Holstein keine Förderung zur Folge, sondern stellt lediglich eine Art Gütesiegel dar. Zwar ist der größte Teil der Träger, die gefördert werden, anerkannt, aber es gibt auch eine institutionelle Förderung von Trägern, die nicht anerkannt sind. Dies betrifft z.B. die "Europa Union", die "Heimvolkshochschule der Dänischen Minderheit" oder das "Haus am Pfefferberg". Dabei muß jedoch offenbleiben, weshalb manche Träger dieses Gütesiegel nicht führen - in vielen Fällen wird es gar nicht beantragt - aber trotzdem gefördert werden. Obwohl oder gerade weil das BFQG kein Leistungsgesetz ist, eröffnet es Spielräume für einige Innovationen, sichert aber wenig die Stabilität.

(c) Für die "allgemeine", "politische" und "berufliche" Weiterbildung ist das jährliche Haushaltsgesetz des Landes Schleswig-Holstein bedeutsam, da der Landtag die für die Weiterbildung zur Verfügung stehenden Mittel damit bereitstellt.

(d) Das schleswig-holsteinische Schulgesetz regelt im § 24 den Weiterbildungsauftrag der Fachschulen.

(e) Für die Finanzierung der die Weiterbildung nach dem Arbeitsförderungsgesetz ergänzenden Förderung gelten die Richtlinien zum arbeitsmarktpolitischen Landesprogramm "Arbeit für Schleswig-Holstein".

(f) Die Grundsätze des Ministeriums für Wirtschaft, Technik und Verkehr über die Gewährung von Landeszuschüssen zur investiven Förderung überbetrieblicher Berufsbildungsstätten, die Richtlinien des Landes Schleswig-Holstein über die Gewährung und Zuwendung zur Förderung von beruflichen Qualifizierungsmaßnahmen bei Fachkräftemangel, bei der Einführung neuer Techniken und von Projekten zur Verbesserung beruflicher Weiterbildung sowie Regionalprogrammen für den Landesteil Schleswig sind weiterhin ebenfalls Teil der Weiterbildungsförderung durch das Land.

(g) Das Gesetz über die Landwirtschaftskammer Schleswig-Holstein (Fassung vom 30.03.1992) regelt die Finanzierung der Weiterbildung an den Landwirtschaftsschulen.

(h) Das Landeshochschulgesetz des Landes Schleswig-Holstein erklärt die Weiterbildung zur Aufgabe der Hochschule und regelt Formen der Beteiligung von Hochschulen an der Weiterbildung. Drei Aufgabenfelder werden vorgegeben: Beteiligung an der allgemeinen Weiterbildung, weiterbildendes Studium und Weiterbildung des eigenen Personals (vgl. § 2 Abs. 1). Das Gesetz über die Beiträge und Gebühren an staatlichen Hochschulen des Landes Schleswig-Holstein ist für die Finanzierung der wissenschaftlichen Weiterbildung bestimmend.

(i) Das Landesnaturschutzgesetz verankert in § 50a die Akademie für Natur und Umwelt als nachgeordnete Dienststelle des Ministeriums für Natur und Umweltschutz.

Mit diesen verschiedenen Rechtsgrundlagen ist ein Geflecht entstanden, das nicht leicht durchschaubar ist und die Koordination staatlicher Maßnahmen erschwert. Diese Problematik ist aber durch ein einzelnes Bundesland nur ansatzweise zu lösen, aufgehoben werden kann sie möglicherweise nur durch ein Rahmengesetz des Bundes. Das Land Schleswig-Holstein kann jedoch die in seiner Kompetenz stehenden Regelungen mittlerweile stärker aufeinander abstimmen, als das in der Vergangenheit der Fall war.

5.2   Angebotsstrukturen der Weiterbildung

Die Weiterbildungslandschaft in Schleswig-Holstein spiegelt die Vielzahl juristischer Normen, Vielfalt der Interessen und Unterschiedlichkeit der Institutionen wider. Nirgendwo ist ein Gesamtüberblick vorhanden, was alles an bunten Blumen aufgeblüht und teilweise auch verdorrt ist. Dies kann im Rahmen einer punktuellen Studie wie der unseren auch nur partiell geklärt werden.

Zur Analyse der Entwicklung und des Standes der Weiterbildung in Schleswig-Holstein haben wir vor allem sechs Datenquellen herangezogen:

– Erstens war zum Zweck einer Bestandsaufnahme der Weiterbildung in Schleswig-Holstein bereits 1989 eine Umfrage der Interministeriellen Arbeitsgruppe Weiterbildung der Landesregierung Schleswig-Holstein durchgeführt worden.

– Zweitens wurde im Rahmen der Erstellung des vorliegenden Berichtes die "Weiterbildungsumfrage '94" durchgeführt.

– Drittens stehen Daten des Landesarbeitsamtes Nord (Referat Statistik) zur AFG-geförderten beruflichen Weiterbildung zur Verfügung. Die Ausgaben der Bundesanstalt für Arbeit in den Jahren 1980 bis 1993 für berufliche Weiterbildung in Schleswig-Holstein und die Eintritte in Maßnahmen der beruflichen Fortbildung, Umschulung und Einarbeitung in Schleswig-Holstein von 1980 bis 1993 werden dokumentiert.

– Viertens lassen sich verschiedene Trends und Probleme anhand der Volkshochschulstatistiken, die sowohl für die gesamte Bundesrepublik als auch für einzelne Bundesländer zur Verfügung stehen, belegen und analysieren. Auswertungen werden hier für die Entwicklung der Kursbelegungen und Mitarbeiterzahlen präsentiert.

– Fünftens geben die Statistiken der Industrie- und Handelskammern einigen Aufschluß. Hier wurde die Anzahl der IHK-Weiterbildungsprüfungen in der gesamten Bundesrepublik und im Kammerbezirk Kiel einbezogen.

– Die gewonnenen Daten werden sechstens schließlich durch Auswertungen des bundesweiten "Informationssystems Aus- und Weiterbildung" der Bundesanstalt für Arbeit vom Juni und September 1994 ergänzt.

Darüber hinaus wurden Teilergebnisse mit den Resultaten der hessischen "Weiterbildungsumfrage '89" verglichen (vgl. Faulstich u.a. 1991). Aus der Gesamtheit der verschiedenen Quellen wurden also solche statistischen Angaben ausgewählt, die die Entwicklung in Schleswig-Holstein verdeutlichen bzw. darüber hinaus auch einen Vergleich zu bundesweiten Tendenzen ermöglichen.

Bei der Konzeption des Fragebogens für die "Weiterbildungsumfrage '94" über Weiterbildung in Schleswig-Holstein konnte auf eigene Erfahrungen in Hessen und Bremen zurückgegriffen werden. Der Fragebogen bezog sich auf insgesamt 23 Merkmale. Erfaßt wurden: Art der Institution; Anerkennung; Standorte; Kooperationen; Zielsetzungen; Themenbereiche; Mitarbeiter; Finanzierungsquellen; Veranstaltungsformen; Weiterbildungsumfang; Teilnehmerzahlen; Zielgruppen; Programmplanung; Öffentlichkeitsarbeit; Zertifikate; Durchführungsprobleme; Regionalität und Vorschläge für Initiativen. Damit wurden verschiedene Analyseaspekte zur Systemstruktur von Weiterbildung einbezogen, welche sich auf Dimensionen "mittlerer Systematisierung" beziehen.

Die Adressen für die Umfrage wurden durch eine umfangreiche Feldsondierung ermittelt. Hauptkriterium war der Sitz der Weiterbildungseinrichtung in Schleswig-Holstein. Acht Quellen wurden gesichtet:

- Ministerium für Bildung, Wissenschaft, Kultur und Sport des Landes Schleswig-Holstein (Hg.): Anerkennungsverzeichnis 1993/94 nach dem Bildungsfreistellungs- und Qualifizierungsgesetz für das Land Schleswig-Holstein, Kiel 1993.

- Adressenliste der Mitglieder der Kommission Weiterbildung des Landes Schleswig-Holstein von 1991.

- Gesamtverzeichnis der Teilnehmer des 2. BIBB-Fachkongresses "Neue Berufe. Neue Qualifikationen" im Dezember 1992 in Berlin.

- Deutsches Handbuch der Erwachsenenbildung (Stand: 1993).

- Adressenliste der Datenbank des Vereins "Arbeit für Alle", Kiel (Stand: November 1993).

- Bundesanstalt für Arbeit: Bildungsraum Neumünster (1993), Elmshorn (1992), Flensburg (1993), Kiel (1992) und Bildungsraum Kiel - EDV. Informatik . Mikrocomputer 1991/92.

- Adressenliste "Familienbildungsstätten" des Ministeriums für Soziales, Gesundheit und Energie des Landes Schleswig-Holstein.

- Statistisches Landesamt Schleswig-Holstein (Hg.): Verzeichnis der berufsbildenden Schulen in Schleswig-Holstein (Schuljahr 1992/93).

Die ermittelten 1.036 potentiellen Weiterbildungsinstitutionen wurden angeschrieben. Davon sagten 13 eine Beteiligung an der Umfrage ab, obwohl es sich um Weiterbildungsinstitutionen handelte, 41 waren "unbekannt verzogen" oder als Institution erloschen, 97 waren doppelt aufgenommen und 249 führten keine Weiterbildung durch. Damit ergab sich eine Grundgesamtheit von 637 Weiterbildungsinstitutionen. Davon antworteten 436, also über 70 Prozent, als Weiterbildungsinstitution oder deren Standort. Daraus ergaben sich, da z.B. Doppelantworten von Weiterbildungsträgern und deren Einrichtungen vorlagen, 327 unterscheidbare Institutionen. Eine regionale Aufgliederung der Ergebnisse der "Weiterbildungsumfrage '94" war allerdings - wie schon bei der Umfrage 1989 in Schleswig-Holstein - vor allem deshalb nicht möglich, weil von den Weiterbildungsinstitutionen über die Angebote in den einzelnen Kreisen nicht differenziert berichtet wird.

Die Auswertung der zusammengestellten und erhobenen Daten und Informationen erfolgte unter den Gesichtspunkten: Tatsächliche/potentielle Überschneidungen und Kooperationsfelder des Angebots, frauenspezifische Aspekte, Breite, Dichte und Vielfalt des Angebots, Professionalisierungsgrad, Weiterbildungsnutzung/Teilnehmerzahlen, Verteilung der Weiterbildungsbeteiligung und Stellenwert von Infrastruktur-Leistungen (Werbung, Information, Beratung). Sie liefert allerdings nur eine Blitzlichtaufnahme einer konkreten Konstellation, die Ergebnis spezifischer historischer Entwicklungen ist.

5.2.1 Historische Entwicklungen

Die aktuelle Situation der Weiterbildung ist nur zu verstehen, wenn man berücksichtigt, wie sie langfristig entstanden ist. Die Volkshochschulen bzw. deren Vorläufer sind die ältesten Weiterbildungsinstitutionen in Schleswig-Holstein. Genannt wird immer wieder als "Auftakt freier Erwachsenenbildung" die "Pflanzstätte für Ständedeputierte und Communevorsteher", die von 1842 bis 1848 in Rendsburg eingerichtet wurde (vgl. Laack 1960). Schon 1905 wurde der erste "Volkshochschulverein für das nördliche Schleswig" gegründet. Es handelte sich um die Heimvolkshochschule Tingleff, die nach dem Vorbild der dänischen Volkshochschule konzipiert wurde, aber stark deutsch-national geprägt war (vgl. Henningsen 1962). Auch die in den weiteren Jahren als Internatseinrichtungen gegründeten Volkshochschulen (Albersdorf 1906, Mohrkirch-Osterholz 1907, Norburg 1911) orientierten sich am dänischen Vorbild, d.h. einer allgemeinbildenden, politisch (national) wirkenden, prüfungsfreien und auf Freiwilligkeit und Dialog basierenden Erwachsenenbildung, die auf den "erziehenden Einfluß" einer Internatseinrichtung baute (vgl. Vogel 1994). Trotz vieler Adaptionen gewannen aber auch zunehmend eigene Konzepte an Einfluß. Die Heimvolkshochschulen bekamen ihren eigentlichen Entwicklungsschub nach dem Ersten Weltkrieg, als Bildung verstärkt gesellschaftliche Teilhabe ermöglichen und zur Lösung von Sinnfragen und existentiellen Problemen mit Hilfe neuer pädagogischer Konzepte beitragen sollte. So wurden in Schleswig-Holstein 1921 die Heimvolkshochschulen in Rendsburg, Leck und Lunden gegründet, die immer noch stark von den dänischen Vorbildern geprägt waren. Obwohl diese Einrichtungen in einer nationalen Tradition standen, die sich auch in personellen Besetzungen ausdrückte, versagten sich einige Volkshochschulen - wie etwa in Rendsburg - dem faschistischen System. Die meisten der Heimvolkshochschulen wurden geschlossen; besonders die Bauernschulen wurden in NS-Einrichtungen überführt (vgl. Rüdiger 1994, S. 156 f; Böhrk 1994, S. 154).

Bereits am 26.11.1945 forderte die britische Militärregierung in der "Instruktion Nr. 21" Pläne für die Wiederaufnahme der Erwachsenenbildung als Mittel der Reeducation. "Überall, wo die örtlichen Verhältnisse es gestatten, sollen die deutschen Behörden sofort aufgefordert werden, Pläne für die frühzeitige Wiederaufnahme der Erwachsenenbildung zu unterbreiten" (Zit. Knierim/Schneider 1960, S. 39). Im Februar 1946 hatten dann schon 30 Volkshochschulen ihre Tätigkeit wieder aufgenommen. Nach dem Krieg wurden auch die Heimvolkshochschulen wieder eröffnet und neue gegründet. Als erste nahm die in Rendsburg ihre Arbeit im November 1946 wieder auf. In diesen Einrichtungen dominierten langfristige Kurse von fünf bis sechs Monaten. Schließlich wurde im Dezember 1947 der Landesverband der Volkshochschulen mit Otto Monsheimer als Vorsitzenden gegründet. Am 18.8.1949 erfolgte die Gründung der Landesarbeitsgemeinschaft "Arbeit und Leben". Die Anzahl der Mitglieder des Landesverbandes der Volkshochschulen stieg auf 125 im Jahre 1953 (vgl. Benecken/Lerch 1973, S. 11ff.). Ab Ende der sechziger Jahre setzte dann eine Stagnation der Heimvolkshochschulen in Deutschland ein, da langfristige Kurse oft nicht mehr zustande kamen und Umorientierungen anstanden. Der bis dahin die gesamte Erwachsenenbildung prägende Einfluß - noch um 1960 war im Vorbereitungsdienst für hauptberufliche Mitarbeiter des Landesverbandes der Volkshochschulen in Schleswig-Holstein ein halbjähriges Heimvolkshochschulpraktikum vorgesehen - ging verloren, obwohl die Volkshochschulen insgesamt weiter expandierten (vgl. Vogel 1990; Meissner 1990).

Nachdem seit dem "Gutachten über den Erlaß eines Volkshochschulgesetzes des Landes Schleswig-Holstein" von Prof. Dr. E. Menzel von 1963 immer wieder über gesetzliche Regelungen diskutiert worden war, wurden 1970 zuerst von der SPD-Fraktion, dann von der Landesregierung Entwürfe für ein Erwachsenenbildungsgesetz vorgelegt. Diese verschwanden mit dem Ende der Legislaturperiode im April 1971 in der Versenkung.

Einen neuen Schub erhielt die Entwicklung der Weiterbildung in Schleswig-Holstein mit dem Beschluß des Landtages vom 7.12.1988, die Landesregierung aufzufordern, eine "Kommission Weiterbildung", bestehend aus externen Sachverständigen, zu berufen. Diese sollte, ausgehend von einer Bestandsaufnahme der Weiterbildung, einen "Landesentwicklungsplan Weiterbildung" erstellen. Gleichzeitig sollte, laut Regierungserklärung des Ministerpräsidenten vom 28.6. 1988, in einem Bildungsurlaubs- und Qualifizierungsgesetz das Recht auf Weiterbildung geregelt werden. Daher befaßte sich die "Kommission Weiterbildung", die sich am 13.6.1989 konstituierte, zunächst mit den "Leitlinien und Eckwerten" für das Gesetz, bevor sie über die Bestandsaufnahme der Interministeriellen Arbeitsgruppe, den Entwurf zum Landesentwicklungsplan Weiterbildung, das dazu entwickelte Thesenpapier sowie über aktuelle Entwicklungen und Vorhaben der Landesregierung in bisher rund 20 Sitzungen beriet (vgl. Interministerielle Arbeitsgruppe Weiterbildung der Landesregierung Schleswig-Holstein 1989, S. 1ff.; Ministerium für Frauen, Bildung, Weiterbildung und Sport 1993, S. 46).

Die Bestandsaufnahme der "Interministeriellen Arbeitsgruppe Weiterbildung" erbrachte, daß 1.042.159 Personen 1988 an Weiterbildung bei 238 Trägern und 265 Einrichtungen der Weiterbildung, etwa 170 Volkshochschulen, ca. 40 berufsbildenden Schulen sowie ca. 30 Familienbildungsstätten teilnahmen. Damit ergab sich eine Weiterbildungsbeteiligung der Gesamtbevölkerung von knapp über 40 Prozent an über 600 "Weiterbildungsstandorten". Dabei dominierte eindeutig die berufliche Weiterbildung. Auch hatte das landwirtschaftliche Bildungswesen eine vergleichsweise hohe Bedeutung, während es Defizite bei besonderen Angeboten für Frauen gab. In Schleswig-Holstein gab es 1988 203 Institutionen, die Maßnahmen der beruflichen Weiterbildung anboten. Hiervon waren 172 Institutionen ausschließlich in der beruflichen Weiterbildung tätig, zwölf boten sowohl berufliche als auch allgemeine Bildung an und 19 Institutionen waren in der beruflichen und der politischen Weiterbildung tätig (vgl. Interministerielle Arbeitsgruppe Weiterbildung der Landesregierung Schleswig-Holstein 1989, S. 13ff.).

Ein weiterer Impuls ging von dem am 1.7.1990 in Kraft getretenen "Bildungsfreistellungs- und Qualifizierungsgesetz" (BFQG) aus, durch welches die Weiterbildung in Schleswig-Holstein erstmalig landesrechtlich geregelt wurde. Ziel des BFQG ist eine flächendeckende Entwicklung der Weiterbildung als vierte Säule des Bildungssystems. Das Gesetz legt keine finanziellen Ansprüche fest, regelt jedoch einen gesetzlichen Freistellungsanspruch auf Bildungsurlaub. Dieser entsteht allerdings nur für anerkannte Weiterbildungsveranstaltungen. Von Mitte 1990 bis Mitte 1993 wurden 8.807 Bildungsveranstaltungen anerkannt. Davon sind 3.684 im weitesten Sinne der "politischen" Bildung zuzuordnen. Daneben enthält das Gesetz aber auch Bestimmungen zur Förderung und Koordinierung der Weiterbildung (vgl. Böhrk 1994, S. 1ff.; Rüdiger 1994, S. 2f.; Ministerium für Frauen, Bildung, Weiterbildung und Sport des Landes Schleswig-Holstein, 1993, S. 1ff. sowie 1995b, S. 61). Zwischenzeitlich gab es Bemühungen, das BFQG bis 1998 auszusetzen, damit die Unternehmen nicht durch Freistellungskosten belastet würden. Dieser Gesetzentwurf der F.D.P. wurde abgelehnt (vgl. Rüdiger 1993, S. 157). Die Gewerkschaften fordern demgegenüber eine verstärkte Nutzung des BFQG (vgl. Gatermann 1994, S. 166).

Die historische Entwicklung der Weiterbildung in Schleswig-Holstein hat zu einer Institutionenstruktur geführt, die als Ausgangspunkt für weitere Perspektiven genommen werden muß. Ohne die daraus resultierende Interessenkonstellation zu berücksichtigen, wären öffentliche Initiativen in Richtung auf eine Problemkorrektur chancenlos.

5.2.2 Institutionen und Programme

Eine Typologie der Weiterbildungsinstitutionen in Schleswig-Holstein kann auf der Selbstzuordnung der in der "Weiterbildungsumfrage '94" erfaßten Institutionen, welche auf der Grundlage einer vorgegebenen plausiblen Zuordnung nach der Rechtsform der Institution oder bestehenden Landesorganisationen (z.B. "VHS") und auf fachlichen und inhaltlichen Überlegungen zu strukturellen Abgrenzungen von Angebot und Institution (z.B. "kommerzielle Einrichtungen" oder "FH/Uni") aufbauen. Die Ergebnisse der "Weiterbildungsumfrage '94" legen nahe, folgende 13 Institutionstypen zu bilden:

(a) Volkshochschulen;

(b) Hochschulen: gesonderte Institutionen der Fachhochschulen/Universitäten für Weiterbildung sowie "Teile" von Fachbereichen;

(c) Privatschulen: Bildungseinrichtungen, die überwiegend/ausschließlich berufliche Weiterbildung aus kommerziellen Zwecken anbieten, ohne daß sie in der Regel eine institutionelle öffentliche Förderung erhalten. Dabei handelt es sich z.B. auch um an Computerhändler oder -hersteller gebundene Institutionen;

(d) andere öffentliche Institutionen: z.B. Landeszentrale für politische Bildung oder Berufsschulen;

(e) gewerkschaftsnahe Einrichtung/Gewerkschaft: Gewerkschaften oder Institutionen, die einer Gewerkschaft rechtlich zugehören (z.B. Bildungswerk des DGB);

(f) kirchliche Institutionen: Bildungseinrichtungen im Umkreis der Kirchen oder ihnen rechtlich zugehörend;

(g) Arbeitgeberorganisationen: Bildungseinrichtungen im Umkreis der Arbeitgeberverbände;

(h) Industrie- und Handelskammern: Berufsbildungseinrichtungen der Industrie- und Handelskammern; auch: Gemeinschaftseinrichtungen;

(i) Handwerk: Einrichtungen der Handwerkskammern und Innungen;

(j) Fachverbände: Maßnahmen, Angebote und Einrichtungen von Fach-, Berufs- und Sportverbänden; auch: Architekten- und Ingenieurkammer, Ärztekammer, Landwirtschaftskammer;

(k) Einrichtungen des zweiten Bildungsweges: Institutionen, die dem Nachholen von Schulabschlüssen dienen;

(l) Fachschulen: Fachschulen an beruflichen Schulen und "private" Fachschulen;

(m) Sonstige: z.B. gemeinsame Einrichtungen von Arbeitgebern und Gewerkschaften oder politischen Stiftungen.

Auch in Schleswig-Holstein ist das Weiterbildungssystem somit gekennzeichnet durch eine Vielzahl und Vielfalt der Institutionen. Auf die Fläche bezogen, bildet das institutionelle Netz des Weiterbildungssystems mit 327 Institutionen, die in der "Weiterbildungsumfrage '94" erfaßt wurden, ein dichtes Netz, das von einer großen Zahl kleiner und mittlerer Institutionen geprägt ist. Auch haben sich in den vergangenen Jahrzehnten viele spezialisierte Weiterbildungseinrichtungen mit unterschiedlichen Angebotsprofilen herausgebildet. Für potentielle Teilnehmer ergeben sich Entscheidungsnotwendigkeiten, welche komplizierter sind als im Hinblick auf den Besuch von Bildungseinrichtungen wie Schule oder Hochschule. Es gibt nicht jeweils eine Adresse, sondern verschiedene Institutionen erreichen jeweils eine spezifische Klientel.

Der Ausbau des Weiterbildungsangebots in Schleswig-Holstein scheint in den vergangenen fünf Jahren vor allem verstärkt von privaten Institutionen getragen worden zu sein. Dies betrifft sowohl die Anzahl der Kurse und Einzelveranstaltungen als auch die Teilnehmer- und Jahresunterrichtsstundenzahlen. Dafür spricht auch, daß diese "privaten" Institutionen verstärkt in den letzten 15 Jahren gegründet wurden. Bei der anhaltenden Expansion des Weiterbildungssystems in Schleswig-Holstein haben die Anbieter mit breitem Programm größere Probleme als spezialisierte Einrichtungen. Jedoch haben sie teilweise einen höheren "Professionalisierungsgrad" hinsichtlich der Methoden der Bedarfsermittlung, der Programmplanung und der Werbung entwickelt.

Verglichen mit anderen Bundesländern sind kommerzielle, private Institutionen in Schleswig-Holstein nach der "Weiterbildungsumfrage '94" nicht so stark vertreten. Immerhin waren aber nach den Volkshochschulen die "Privatschulen" die größte Institutionengruppe mit 73 Weiterbildungsinstitutionen und 22,3 Prozent der Institutionen, die sich an der "Weiterbildungsumfrage '94" beteiligten. Alle anderen Gruppen hatten mit unter zehn Prozent relativ geringe Anteile am Institutionenspektrum (vgl. Übersicht 8).

Übersicht 8
Art der Weiterbildungsinstitution in Schleswig-Holstein

	Prozent	Anzahl
Volkshochschule (VHS)	31,5	103
Universität/Fachhochschule (UNI)	2,4	8
Andere öffentliche Institution (AÖI)	5,2	17
Gewerkschaftliche Einrichtung (GE)	4,3	14
Kirchliche Institution (KI)	5,2	17
Arbeitgeberorganisation (AG)	1,8	6
Industrie- und Handelskammer (IHK)	,6	2
Einrichtung des Handwerks (HW)	4,0	13
Fachverband (FV)	7,0	23
Privatschule (PS)	22,3	73
Einrichtung des zweiten Bildungsweges (ZBW)	1,8	6
Fachschule (FS)	6,4	21
Sonstige (S)	7,3	24
Gesamt	100,0	327

Quelle: "Weiterbildungsumfrage '94"

Alle Weiterbildungsinstitutionen, die auf die Umfrage antworteten, hatten zusammen 742 Standorte. Damit konnten mehr Weiterbildungsstandorte in Schleswig-Holstein ermittelt werden, als das bundesweite "Informationssystem Aus- und Weiterbildung" der Bundesanstalt für Arbeit am 2.6.1994 verzeichnete. Zu diesem Zeitpunkt waren hier 729 Veranstalter in 155 Orten enthalten.

Übersicht 9
Weiterbildungsangebote in Kreisen und kreisfreien Städten Schleswig-Holsteins, nach KURS-Daten (Dezember 1994)

Kreis/kreisfreie Städte	Einwohner	Fläche qkm	WB-Angebote absolut	WB-Orte	WB-Träger	Angeb. pro 1000 EW	Angeb. pro 10 qkm
Dithmarschen	132.068	1405	511	19	52	3,9	3,6
Herzogtum Lauenburg	166.293	1263	224	18	46	1,3	1,8
Nordfriesl.	156.426	2049	189	22	54	1,2	0,9
Ostholstein	195.177	1392	423	21	72	2,2	3,0
Pinneberg	278.728	662	954	25	65	3,4	14,4
Plön	123.533	1082	419	16	45	3,4	3,9
Rendsburg-Eckernförde	253.492	2186	836	37	95	3,3	3,8
Schleswig-Flensburg	184.409	2072	230	16	39	1,2	1,1
Segeberg	230.775	1344	802	22	63	3,5	6,0
Steinburg	131.460	1056	349	16	33	2,7	3,3
Stormarn	204.354	766	605	17	44	3,0	7,9
Summe Kreise	2.056.715	15.278	5.542	229	608	2,7	3,6
Flensburg	87.896	56	485	7	64	5,5	85,9
Kiel	249.370	112	1.486	17	189	6,0	132,7
Lübeck	217.367	214	680	13	105	3,1	31,8
Neumünster	82.036	72	365	5	57	4,4	51,0
Summe Städte	636.669	454	3.016	42	415	4,7	66,4
Schleswig-Holstein gesamt	2.693.384	15.732	8.558	271	1.023	3,2	5,4

Quelle: Informationssystem Aus- und Weiterbildung der Bundesanstalt für Arbeit

Am 2.12.1994 waren dann mit 1.023 Weiterbildungsinstitutionen in 271 Orten erheblich mehr registriert (vgl. Übersicht 9). Die tatsächliche Zahl der Weiterbildungsträger in Schleswig-Holstein dürfte noch höher liegen. Vollständige Unterlagen werden nur über ausgewählte Bereiche geführt.

So ist der Statistik der Volkshochschulen zu entnehmen, daß es 1993 allein 167 Volkshochschulen in Schleswig-Holstein gab. Diese auffallende Vielzahl der

Volkshochschulen macht die Besonderheit der Situation in Schleswig-Holstein gegenüber anderen Bundesländern aus. Mit 103 antwortenden Institutionen liegt ihr Anteil bei der "Weiterbildungsumfrage '94" bei fast einem Drittel (31,5 %). Die Volkshochschulen in Schleswig-Holstein sind die einzigen Weiterbildungs-einrichtungen, die flächendeckend "allgemeine", "berufsorientierte", "politische" und "kulturelle" Weiterbildung für alle Bevölkerungsgruppen anbieten.

In der "beruflichen Weiterbildung" sind fast alle Institutionen stark von der AFG-Förderung abhängig. Nach unserer Umfrage gilt dies jedoch vor allem für die Institutionen der Kammern und das Berufsfortbildungswerk des DGB.

Heimvolkshochschulen und Tagungsstätten (z.B. Heimvolkshochschule Jar-plund der dänischen Minderheit, Jarplund-Weding oder die Einrichtungen des Deutschen Grenzvereins) haben sowohl eine Funktion als Weiterbildungsinstitu-tionen mit eigenständigen und selbstverantworteten Bildungsprogrammen als auch als Tagungshäuser, in denen Gastveranstaltungen anderer Weiterbildungsträger stattfinden. Die Angebote der einzelnen Einrichtungen differieren erheblich. Es überwiegen Angebote, die längere Zeiträume umfassen oder als ganztägige Kom-paktveranstaltungen organisiert sind (Ministerium für Frauen, Bildung, Weiterbil-dung und Sport des Landes Schleswig-Holstein 1995a, S. 9f.).

Die Familienbildungsstätten in Schleswig-Holstein sind entsprechend ihrer Aufgabenstellung thematisch zentriert, d.h., die Familie als soziales System steht im thematischen Mittelpunkt ihrer Tätigkeit. Sie verbinden in ihrer Arbeitsweise generationsübergreifend Bildung, Betreuung und Beratung. Entsprechend ihrer unterschiedlichen Organisation und Trägerschaft betonen sie verschiedene Akzen-te (ebenda, S. 10f.).

Die Aktivitäten der Hochschulen im Weiterbildungsbereich in Deutschland be-gannen Anfang der sechziger Jahre auf programmatischer Ebene und führten zu einer fortschreitenden Institutionalisierung der Weiterbildungsbeteiligung der Hochschulen. Ihre Intensivierung und ihr gewachsener Stellenwert schlugen sich im Hochschulrahmengesetz und in den nachfolgenden Landeshochschulgesetzen nieder. Immerhin ist Anfang der neunziger Jahre festzustellen, daß an ungefähr 60 Hochschulen in der Bundesrepublik Deutschland verschiedene institutionalisierte Formen der Organisation von Weiterbildungsaktivitäten bestehen, bei denen sich eine sehr unterschiedliche Realität herausgebildet hat. Dieser Bereich ist, nachdem durch Fritz Blättner als Professor an der Christian-Albrechts-Universität zu Kiel, z.B. mit dem 1949 gegründeten "Seminar für Erwachsenenbildung", erhebliche Anstöße erfolgt waren, in Schleswig-Holstein unterentwickelt. Das gilt auch für die Zusammenarbeit der Weiterbildungsträger mit den Hochschulen, obwohl diese im Landeshochschulplan von 1991 gefordert wird. Im Hochschulgesetz des Lan-des Schleswig-Holstein werden, wie bundesweit üblich, die vielfältigen Formen der Hochschulbeteiligung in drei Aufgabenfelder gruppiert: Beteiligung an der allgemeinen Weiterbildung, weiterbildendes Studium und Weiterbildung des eigenen Personals (vgl. § 2 Abs. 1). Gerade wenn eine Durchlässigkeit zwischen den Bildungsbereichen angestrebt wird, müssen Überschneidungsbereiche zwischen Weiterbildung und weiterbildendem Studium herstellbar sein. Die wissenschaftliche Weiterbildung ist gemäß § 2 Abs. 1 Hochschulgesetz (HSG) allgemeine Aufgabe der Hochschulen des Landes, die diese nach § 10 HSG als eigene Angelegenheit wahrnehmen. Die Umsetzung ist aber sehr zögerlich, auch wenn an den Fachhochschulen Kiel und Lübeck eigene Institute für Weiterbildung eingerichtet worden sind. Die "schleswig-holsteinische Universitätsgesellschaft", die seit über 75 Jahren besteht, organisiert darüber hinaus landesweit Vortragsveranstaltungen (vgl. Rüdiger 1994, S. 158 f.; Ministerium für Frauen, Bildung, Weiterbildung und Sport des Landes Schleswig-Holstein 1995a, S. 12 f.).

Von den Weiterbildungsinstitutionen in Schleswig-Holstein für die in der "Weiterbildungsumfrage '94" entsprechende Informationen vorliegen, wurden sechs Prozent vor 1945 gegründet. Dies waren vor allem die "anderen öffentlichen Institutionen" und Volkshochschulen. Über 50 Prozent der Volkshochschulen wurden vor 1960 gegründet. In den sechziger Jahren erlebten Einrichtungen des zweiten Bildungsweges einen Boom. Von diesen Institutionen, die dem Nachholen von Schulabschlüssen dienen, wurden 83 Prozent in den sechziger Jahren und 17 Prozent in den siebziger Jahren neu geschaffen. Einen größeren Entwicklungsschub hat die "Einrichtungslandschaft" aber erst in den achtziger Jahren bekommen. Für die meisten Institutionengruppen wurden in diesen Jahren viele oder sogar die meisten Einrichtungen gegründet. Dies betrifft Hochschulen, gewerkschaftsorientierte Institutionen, arbeitgeberorientierte Institutionen, Fachverbände, Privatschulen, Fachschulen und sonstige Institutionen. In diesem Jahrzehnt etablierten sich 24 Prozent, d.h. fast ein Viertel der Weiterbildungseinrichtungen in Schleswig-Holstein. Besonders auffällig ist, daß 61 Prozent der Privatschulen nach 1980 gegründet wurden (vgl. Übersicht 10). Dieser Boom von privaten Einrichtungen ist von der Etablierung neuer Themen in der Weiterbildung geprägt (Sprachen, neue Informationstechniken, Medizin und Gesundheit, Weiterbildung für Frauen sowie Kunst und Kultur).

Legt man die Zahlen des "Informationssystems Aus- und Weiterbildung" der Bundesanstalt für Arbeit zugrunde, werden von 3,5 Prozent der bundesweit tätigen Weiterbildungsträger in Schleswig-Holstein 3,7 Prozent des Weiterbildungsangebotes der Bundesrepublik Deutschland gemacht. Mit diesen 8.558 Angeboten erreicht Schleswig-Holstein eine Weiterbildungsdichte von 3,2 Angeboten pro 1.000 Einwohner. Dies liegt - bezogen auf diesen Datenbestand - unter dem Bundesdurchschnitt. Führend in der Größe des Angebotes sind die Bundesländer Nordrhein-Westfalen, Bayern und Baden-Württemberg, während Bremen und das Saarland deutlich schlechter dastehen (vgl. Übersichten 11 und 12). Allerdings ist dabei zu berücksichtigen, daß in dieser Datenbank nur ein Teil der Institutionen und Programme erfaßt ist, so daß Verzerrungen vorliegen können.

Übersicht 10
Gründungsjahr der Institution, nach Art der Weiterbildungsinstitution (in Prozent)

	Art der Institution													Gesamt
	VHS	UNI	AÖI	GE	KI	AG	IHK	HW	FV	PS	ZBW	FS	S	
bis 1945	5	0	31	8	0	0	0	10	10	3	0	20	0	6
1946-1950	36	0	8	33	0	0	0	20	29	4	0	0	10	17
1951-1960	19	13	15	25	29	0	0	0	0	11	0	10	14	14
1961-1970	13	25	15	0	35	33	50	40	24	13	83	25	5	18
1971-1980	23	13	23	8	24	17	50	20	5	8	17	10	14	16
1981-1990	4	38	8	25	12	50	0	0	33	50	0	30	38	24
1990-1994	0	13	0	0	0	0	0	10	0	11	0	5	19	5
Gesamt	100	100	100	100	100	100	100	100	100	100	100	100	100	100
(n)	(95)	(8)	(13)	(12)	(17)	(6)	(2)	(10)	(21)	(72)	(6)	(20)	(21)	(303)

Quelle: "Weiterbildungsumfrage '94"

Übersicht 11

Regionale Weiterbildungsdichte in der Bundesrepublik Deutschland

(Weiterbildungsangebote pro 100 qkm; Oktober 1994)

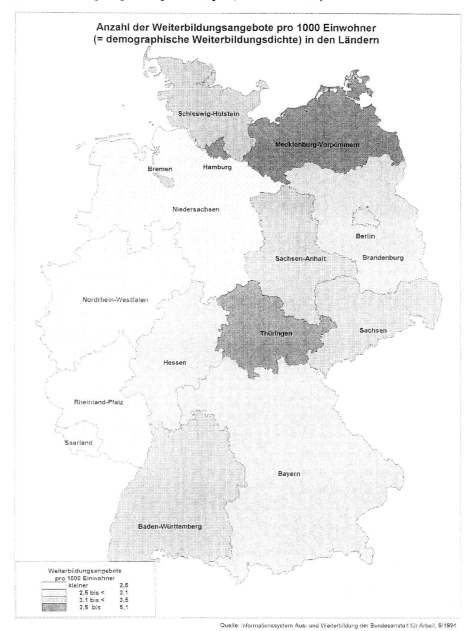

Anzahl der Weiterbildungsangebote pro 1000 Einwohner
(= demographische Weiterbildungsdichte) in den Ländern

Quelle: Informationssystem Aus- und Weiterbildung der Bundesanstalt für Arbeit, 9/1994

Quelle: "Informationssystem Aus- und Weiterbildung" der Bundesanstalt für Arbeit

Übersicht 12
Demographische Weiterbildungsdichte in der Bundesrepublik Deutschland
(Weiterbildungsangebote pro 1.000 Einwohner; Oktober 1994)

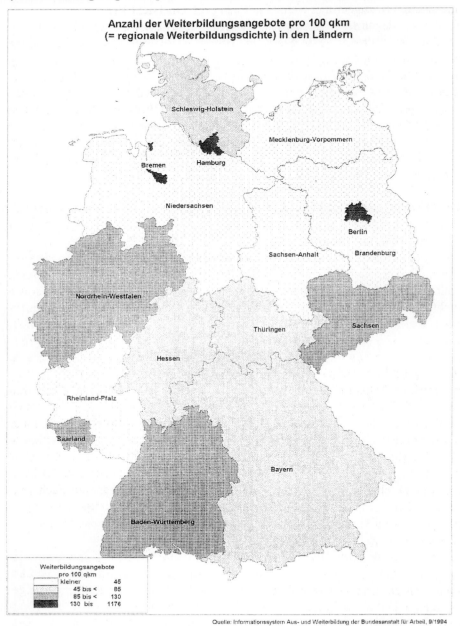

Anzahl der Weiterbildungsangebote pro 100 qkm
(= regionale Weiterbildungsdichte) in den Ländern

Quelle: Informationssystem Aus- und Weiterbildung der Bundesanstalt für Arbeit, 9/1994

Quelle: "Informationssystem Aus- und Weiterbildung" der Bundesanstalt für Arbeit

Die durchschnittliche Anzahl der Standorte je Weiterbildungsinstitution beträgt nach den Ergebnissen der "Weiterbildungsumfrage '94" 2,3. Eine besonders hohe Anzahl der Standorte (9,5) haben Weiterbildungsträger, die den Industrie- und Handelskammern zugeordnet werden können (vgl. Übersicht 13).

63 Prozent der Institutionen haben jedoch nur einen Standort. Drei Prozent verfügen über gar keinen "festen Standort", an dem sie regelmäßig Weiterbildung anbieten und durchführen. Dazu gehören auch manche Volkshochschulen. Die Weiterbildungsinstitutionen in Schleswig-Holstein verfügen laut Analyse der "Weiterbildungsumfrage '94" über durchschnittlich 8,2 eigene Unterrichtsräume und 3,5 eigene Verwaltungsräume. Jedoch müssen 18 Prozent der Institutionen ganz ohne eigene Unterrichtsräume auskommen. Besonders hoch ist hieran der Anteil der Volkshochschulen, gewerkschaftsorientierter Institutionen, Fachverbände und sonstiger Institutionen. Neun Prozent der Weiterbildungsinstitutionen haben 21 und mehr Unterrichtsräume - insbesondere die Einrichtungen der Industrie- und Handelskammern.

Die überwiegende Anzahl der Institutionen gibt einen eigenen Katalog oder eine Broschüre heraus (78 %). Viele Institutionen werben mit Anzeigen (46 %) oder mit Briefaktionen an traditionelle (40 %) oder potentielle (33 %) Teilnehmer und Institutionen. Zum Zeitpunkt der "Weiterbildungsumfrage '94" beteiligten sich nur 15 Prozent der befragten Institutionen an Weiterbildungsdatenbanken. Dies waren vor allem gewerkschaftsorientierte und arbeitgeberorientierte Institutionen sowie Einrichtungen der Industrie- und Handelskammern. Dagegen nutzten Volkshochschulen, andere öffentliche Institutionen, kirchliche Institutionen, Fachverbände und sonstige Weiterbildungsinstitutionen dieses Medium relativ wenig. Im Zeitraum nach der Umfrage ist der Beteiligungsgrad allerdings gestiegen. Anzeigenwerbung wird insbesondere von Institutionen der Industrie- und Handelskammern, gewerkschaftsorientierten Weiterbildungsträgern, Privatschulen, Fachschulen und Volkshochschulen betrieben. Trägerinterne Mitteilungen (z.B. innerhalb eines Verbands) sind vor allem bei gewerkschaftsorientierten, kirchlichen, arbeitgeberorientierten, handwerksorientierten Weiterbildungsinstitutionen, Institutionen der Industrie- und Handelskammern und Fachverbänden üblich. Als weitere "Werbestrategie" werden eher von Einrichtungen der Industrie- und Handelskammern, Gewerkschaften, Einrichtungen des zweiten Bildungsweges und Fachschulen die in Schleswig-Holstein vorhandenen Weiterbildungsberatungsstellen genutzt. Für sonstige Institutionen, kirchliche Einrichtungen und Universitäten spielen diese eher eine untergeordnete Rolle.

Aufgeschlüsselt nach Bereichen der Weiterbildung, nutzen "reine Institutionen" der beruflichen Weiterbildung mit 29 Prozent die Weiterbildungsdatenbanken am meisten. Daneben veröffentlichen sie häufig Anzeigen oder bringen eigene Kataloge und Broschüren heraus. Weiterbildungsdatenbanken sind nur für diejenigen Einrichtungen der allgemeinen und politischen Weiterbildung relevant, die auch berufliche Weiterbildung anbieten. Institutionen der allgemeinen Bildung

Übersicht 13
Durchschnittliche Zahl der Veranstaltungsorte von Weiterbildungsinstitutionen in Schleswig-Holstein nach Art der Institution (arithmetisches Mittel)

	Art der Institution													Gesamt
	VHS	UNI	AÖI	GE	KI	AG	IHK	HW	FV	PS	ZBW	FS	S	
Anzahl der Standorte	2,2	2,3	1,8	3,6	3,4	1,5	9,5	1,5	1,7	2,1	1,0	1,8	3,4	2,3
(n)	(102)	(8)	(16)	(14)	(17)	(6)	(2)	(13)	(23)	(72)	(6)	(21)	(22)	(322)

Quelle: "Weiterbildungsumfrage '94"

Übersicht 14
Bekanntmachung des Angebots der Weiterbildungsinstitutionen in Schleswit-Holstein nach Art der Institution
(in Prozent, Mehrfachnennungen)

	Art der Institution													Gesamt
	VHS	UNI	AÖI	GE	KI	AG	IHK	HW	FV	PS	ZBW	FS	S	
Weiterbildungsdatenbank	7	25	6	50	6	50	50	15	9	19	17	38	4	15
Anzeigen	50	38	24	79	41	33	100	46	35	55	33	57	13	46
Eigener Katalog/ Broschüre	97	25	59	100	94	67	100	46	57	75	33	67	67	78
Briefaktionen an übliche Teilnehmer/ (Institutionen)	36	38	35	36	47	67	100	23	43	48	0	24	54	40
Briefaktionen an potentielle Teilnehmer/ Institutionen	20	25	24	43	59	50	50	15	39	42	0	29	50	33
Trägerinterne Mitteilungen (z.B. bei einem Verband)	13	13	12	43	53	50	50	62	57	22	0	24	29	26
Weiterbildungsberatung	24	0	24	50	12	33	100	38	22	23	67	52	13	27
Sonstige	27	13	18	21	0	17	0	54	17	23	50	5	21	22
Keine Maßnahmen der Bekanntgabe	0	0	12	0	0	0	0	15	0	4	0	0	0	2
Keine Angabe	0	38	0	0	0	0	0	8	4	0	17	0	0	2
Gesamt	275	213	212	421	312	367	550	323	283	312	217	295	250	291
(n)	(103)	(8)	(17)	(14)	(17)	(6)	(2)	(13)	(23)	(73)	(6)	(21)	(24)	(327)

Quelle: "Weiterbildungsumfrage '94"

Übersicht 15
Bekanntmachung des Angebots der Weiterbildungsinstitutionen, nach Bereichen von Weiterbildungsangeboten (in Prozent, Mehrfachnennungen)

| | Bereiche der Weiterbildungsangebote | | | | | | | Gesamt |
	Politik	Allg.	Beruf	Politik + Allg.	Politik + Beruf	Allg. + Beruf	Politik + Allg. + Beruf	
Weiterbildungs-datenbank	0	2	29	0	0	15	15	16
Anzeigen	22	51	48	31	20	59	45	48
Eigener Katalog/ Broschüre	78	77	64	88	100	89	94	78
Briefaktionen an übliche Teilnehmer/Institutionen	44	28	40	69	40	37	53	41
Briefaktionen an potentielle Teilnehmer/ Institutionen	44	28	35	44	40	30	36	34
Trägerinterne Mitteilungen (z.B. bei einem Verband)	33	19	38	25	20	17	30	28
Weiterbildungsberatung	11	11	33	0	40	28	45	28
Sonstige	11	26	15	19	20	26	30	22
keine Maßnahmen der Bekanntgabe	0	2	5	0	0	0	0	2
Keine Angabe	0	2	3	0	0	0	0	1
Gesamt	244	245	309	275	280	300	349	300
(n)	(9)	(47)	(108)	(16)	(5)	(54)	(53)	(292)

Quelle: "Weiterbildungsumfrage '94"

werben hauptsächlich mit Anzeigen (51 %) und Institutionen der politischen Bildung mit Briefaktionen (44 %).

Weiterbildungsberatung wird in erster Linie von "Institutionen mit breiter Angebotspalette" genutzt, während bei Institutionen der "allgemeinen" und "politischen" Bildung, die diese Bereiche ausschließlich anbieten, kein hoher Nutzungsgrad besteht (vgl. Übersichten 14 und 15).

Von 1989 bis 1993 stieg die Anzahl der Kurse, die von Weiterbildungseinrichtungen in Schleswig-Holstein durchgeführt wurde, von 21.028 auf 25.760. Die meisten Kurse boten 1993 gemäß "Weiterbildungsumfrage '94" die Volkshochschulen mit 13.194 an - laut VHS-Statistik, die auch die nicht auf die "Weiterbildungsumfrage '94" antwortenden Institutionen aufführt, waren es sogar 21.400. Dies zeigt die Differenz zu den in unserer "Weiterbildungsumfrage '94" erfaßten Aktivitäten; mit unserer Umfrage lassen sich jedoch die Größenordnungen vergleichen. Wir konnten nur in Ausnahmefällen auf trägereigene, "offizielle" Zahlen zurückgreifen.

Übersicht 16
Zahl der 1989-1993 durchgeführten Kurse nach Art der Weiterbildungsinstitution

	Art der Institution													Gesamt
	VHS	UNI	AÖI	GE	KI	AG	IHK	HW	FV	PS	ZBW	FS	S	
1993	13194	81	1217	427	1413	450	1371	35	740	6156	132	142	402	25760
(n)	(92)	(4)	(13)	(10)	(11)	(4)	(2)	(7)	(17)	(54)	(6)	(18)	(13)	(251)
1992	14111	68	1253	190	2638	482	944	213	703	3776	135	142	317	24972
(n)	(91)	(3)	(13)	(7)	(14)	(4)	(1)	(10)	(17)	(46)	(6)	(17)	(13)	(242)
1991	13845	60	1073	190	2455	578	956	228	658	2769	136	122	274	23344
(n)	(91)	(3)	(12)	(7)	(14)	(4)	(1)	(10)	(17)	(41)	(6)	(18)	(12)	(236)
1990	13939	61	1183	182	1809	616	1279	264	645	2384	136	122	272	22892
(n)	(91)	(2)	(12)	(7)	(12)	(4)	(2)	(10)	(14)	(31)	(6)	(16)	(10)	(217)
1989	13509	68	1076	175	1750	501	775	17	606	2084	139	125	203	21028
(n)	(86)	(2)	(12)	(6)	(12)	(3)	(1)	(7)	(14)	(26)	(6)	(16)	(10)	(201)

Quelle: "Weiterbildungsumfrage '94"

Übersicht 17

Durchschnittliche Zahl der 1989 - 1993 durchgeführten Kurse je Weiterbildungsinstitution nach Art der Institution(arithmetisches Mittel)

	Art der Institution													Gesamt
	VHS	UNI	AÖI	GE	KI	AG	IHK	HW	FV	PS	ZBW	FS	S	
1993	143	20,3	93,6	42,7	128	113	686	5,0	43,5	114	22,0	7,9	30,9	103
(n)	(92)	(4)	(13)	(10)	(11)	(4)	(2)	(7)	(17)	(54)	(6)	(18)	(13)	(251)
1992	155	22,7	96,4	27,1	188	121	944	21,3	41,4	82,1	22,5	8,4	24,4	103
(n)	(91)	(3)	(13)	(7)	(14)	(4)	(1)	(10)	(17)	(46)	(6)	(17)	(13)	(242)
1991	152	20,0	89,4	27,1	175	145	956	22,8	38,7	67,5	22,7	6,8	22,8	98,9
(n)	(91)	(3)	(12)	(7)	(14)	(4)	(1)	(10)	(17)	(41)	(6)	(18)	(12)	(236)
1990	153	30,5	98,6	26,0	151	154	640	26,4	46,1	76,9	22,7	7,6	27,2	105
(n)	(91)	(2)	(12)	(7)	(12)	(4)	(2)	(10)	(14)	(31)	(6)	(16)	(10)	(217)
1989	157	34,0	89,7	29,2	146	167	775	2,4	43,3	80,2	23,2	7,8	20,3	105
(n)	(86)	(2)	(12)	(6)	(12)	(3)	(1)	(7)	(14)	(26)	(6)	(16)	(10)	(201)

Quelle: "Weiterbildungsumfrage '94"

Die größte Angebotssteigerung hatten die "Privatschulen" (kommerzielle Einrichtungen) von 2.084 Kursen im Jahre 1989 auf 6.156 Kurse im Jahre 1993 zu verzeichnen. Durchschnittlich boten die Einrichtungen 103 Kurse im Jahr 1993 an. Die größten Anbieter waren die Einrichtungen der Industrie- und Handelskammern mit durchschnittlich 686 Kursen, während das "Mittelfeld" von den Volkshochschulen (143) den kirchlichen Institutionen (128) den arbeitgeberorientierten Institutionen (113) und den Privatschulen (114) gebildet wurde. Die kleinsten Anbieter waren die handwerksorientierten Einrichtungen mit durchschnittlich fünf Kursen (vgl. Übersichten 16 und 17).

Unserer Umfrage zufolge wurden im Jahre 1993 in Schleswig-Holstein 20.537 Einzelveranstaltungen durchgeführt. Damit konnte die Zahl gegenüber dem Jahr 1989, für das 17.572 Einzelveranstaltungen ermittelt wurden, erheblich gesteigert werden. Die größte Expansion erfolgte auch hier bei den Privatschulen von 725 im Jahre 1989 auf 2.463 im Jahre 1993. Die meisten Einzelveranstaltungen pro Institution boten die "anderen öffentlichen Institutionen" mit 147 an. Durchschnittlich wurden 48 Einzelveranstaltungen je Institution durchgeführt (vgl. Übersichten 18 und 19).

Insgesamt wurde für das Jahr 1993 eine Gesamtzahl von 1.595.029 Unterrichtsstunden ermittelt. Damit entfielen auf jede Institution durchschnittlich 6.490 Unterrichtsstunden. Die Jahresunterrichtsstundenzahl pro Institution war im Jahre 1989 mit 6.711 noch höher, d. h., es sind kleinere Anbieter dazugekommen. Sie lag aber auch 1989 deutlich unter der durchschnittlichen Anzahl z.B. in Hessen, die 18.017 betrug (vgl. Übersichten 20 und 21).

An Kursen (also ohne Einzelveranstaltungen) nahmen in Schleswig-Holstein nach unserer Umfrage 1993 323.311 Personen teil. Die meisten Teilnehmer hatten die Kurse an Volkshochschulen mit 168.069, während die geringsten erfaßten Teilnehmerzahlen handwerksorientierte Träger mit 921 und Institutionen des zweiten Bildungsweges mit 556 hatten. Die größte Steigerung erreichten die "Privatschulen": die Zahl der Teilnehmer an ihren Kursen stieg von 31.247 im Jahre 1989 auf 51.414 im Jahre 1993. Die durchschnittliche Teilnehmerzahl pro Institution betrug 1.376. Auch diese war - so jedenfalls das Ergebnis der Umfragerückläufe - im Jahre 1989 mit 1.800 wesentlich höher (vgl. Übersichten 22 und 23). In Hessen nahmen 1989 je Institution 3.605 Teilnehmer pro Institution an Kursen teil.

An Einzelveranstaltungen nahmen 1989 207.070 Teilnehmer in Schleswig-Holstein teil. Diese Zahl stieg auf 213.635 im Jahre 1993. Durchschnittlich nahmen 1993 pro Institution 1.187 Personen an Einzelveranstaltungen teil (vgl. Übersichten 24 und 25).

Übersicht 18
Zahl der 1989 - 1993 durchgeführten Einzelveranstaltungen, nach Art der Weiterbildungsinstitution

	VHS	UNI	AÖI	GE	KI	AG	IHK	HW	FV	PS	FS	S	Gesamt
						Art der Institution							
1993	1755	65	880	134	708	51	29	3	881	2463	13242	326	20537
(n)	(81)	(2)	(6)	(4)	(9)	(3)	(1)	(1)	(15)	(33)	(7)	(11)	(173)
1992	1949	43	852	106	745	58	.	3	784	1730	12973	232	19475
(n)	(81)	(1)	(5)	(4)	(12)	(3)	(0)	(1)	(15)	(30)	(6)	(9)	(167)
1991	2052	27	781	84	734	60	.	1	513	1096	13350	192	18890
(n)	(79)	(1)	(5)	(3)	(12)	(3)	(0)	(1)	(13)	(22)	(6)	(7)	(152)
1990	2261	21	593	77	676	37	21	0	261	927	13230	60	18164
(n)	(78)	(1)	(4)	(3)	(11)	(3)	(1)	(1)	(12)	(16)	(7)	(6)	(143)
1989	2157	.	476	40	596	1	.	1	262	725	13287	27	17572
(n)	(75)	(0)	(4)	(1)	(11)	(1)	(0)	(1)	(12)	(16)	(6)	(5)	(132)

Quelle: "Weiterbildungsumfrage '94"

Übersicht 19
Durchschnittliche Zahl der 1989-1993 durchgeführten Einzelveranstaltungen nach Art der Weiterbildungsinstitution
(arithmetisches Mittel)

						Art der Institution							Gesamt
	VHS	UNI	AÖI	GE	KI	AG	IHK	HW	FV	PS	FS	S	
1993	21,7	32,5	147	33,5	78,7	17,0	29,0	3,0	58,7	74,6	143	29,6	48,0
(n)	(81)	(2)	(6)	(4)	(9)	(3)	(1)	(1)	(15)	(33)	(7)	(11)	(173)
1992	24,1	43,0	170	26,5	62,1	19,3	.	3,0	52,3	57,7	164	25,8	44,8
(n)	(81)	(1)	(5)	(4)	(12)	(3)	(0)	(1)	(15)	(30)	(6)	(9)	(167)
1991	26,0	27,0	156	28,0	61,2	20,0	.	1,0	39,5	49,8	168	27,4	43,1
(n)	(79)	(1)	(5)	(3)	(12)	(3)	(0)	(1)	(13)	(22)	(6)	(7)	(152)
1990	29,0	21,0	148	25,7	61,5	12,3	21,0	,0	21,8	57,9	143	10,0	41,5
(n)	(78)	(1)	(4)	(3)	(11)	(3)	(1)	(1)	(12)	(16)	(7)	(6)	(143)
1989	28,8	.	119	40,0	54,2	1,0	.	1,0	21,8	45,3	167	5,4	40,1
(n)	(75)	(0)	(4)	(1)	(11)	(1)	(0)	(1)	(12)	(16)	(6)	(5)	(132)

Quelle: "Weiterbildungsumfrage '94"

Übersicht 20

Gesamtzahl der 1989 - 1993 durchgeführten Unterrichtsstunden an Weiterbildungsinstitutionen nach Art der Institution

| | Art der Institution | | | | | | | | | | | | | Gesamt |
	VHS	UNI	AÖI	GE	KI	AG	IHK	HW	FV	PS	ZBW	FS	S	
1993	383083	4320	184492	104967	45458	28400	278070	12122	234211	200027	22260	84376	13243	1595029
(n)	(93)	(3)	(14)	(10)	(10)	(3)	(2)	(7)	(16)	(46)	(5)	(20)	(13)	(242)
1992	435747	2792	187650	9890	66405	27800	310344	16323	265496	181787	17918	79116	10300	1611568
(n)	(92)	(2)	(12)	(7)	(14)	(2)	(1)	(10)	(16)	(39)	(4)	(20)	(13)	(232)
1991	430722	2648	170918	9427	62325	26800	163080	17669	277594	135945	17556	76103	8791	1399578
(n)	(91)	(2)	(11)	(7)	(13)	(2)	(1)	(10)	(16)	(36)	(4)	(19)	(10)	(222)
1990	448995	2928	178609	9117	55524	17200	159655	14408	291532	125723	18070	73035	19791	1414587
(n)	(91)	(2)	(11)	(7)	(12)	(2)	(2)	(10)	(13)	(28)	(4)	(18)	(10)	(210)
1989	431336	3344	190992	8095	49565	9600	137308	7368	291103	80584	4957	74900	17212	1306364
(n)	(86)	(2)	(11)	(6)	(12)	(1)	(1)	(7)	(12)	(24)	(3)	(17)	(9)	(191)

Quelle: "Weiterbildungsumfrage '94"

Übersicht 21

Durchschnittliche Zahl der 1989 - 1993 durchgeführten Unterrichtsstunden an Weiterbildungsinstitutionen
(arithmetisches Mittel)

					Art der Institution									Gesamt	
	VHS	UNI	AÖI	GE	KI	AG	IHK	HW	FV	PS	ZBW	FS	S		
1993	4119	1440	13178	10497	4546	9467	139035	1732	14638	4348	4452	2995	1019	6490	
(n)	(93)	(3)	(14)	(10)	(10)	(3)	(2)	(7)	(16)	(46)	(5)	(20)	(13)	(242)	
1992	4736	1396	15638	1413	4743	13900	310344	1632	16594	4661	4480	2757	792	6843	
(n)	(92)	(2)	(12)	(7)	(14)	(2)	(1)	(10)	(16)	(39)	(4)	(20)	(13)	(232)	
1991	4733	1324	15538	1347	4794	13400	163080	1767	17350	3776	4389	2706	879	6193	
(n)	(91)	(2)	(11)	(7)	(13)	(2)	(1)	(10)	(16)	(36)	(4)	(19)	(10)	(222)	
1990	4934	1464	16237	1302	4627	8600	79828	1441	22426	4490	4518	2699	1979	6620	
(n)	(91)	(2)	(11)	(7)	(12)	(2)	(2)	(10)	(13)	(28)	(4)	(18)	(10)	(210)	
1989	5016	1672	17363	1349	4130	9600	137308	1053	24259	3358	1652	2961	1912	6711	
(n)	(86)	(2)	(11)	(6)	(12)	(1)	(1)	(7)	(12)	(24)	(3)	(17)	(9)	(191)	

Quelle: "Weiterbildungsumfrage '94"

Übersicht 22

Gesamtzahl der Teilnehmer an 1989-1993 durchgeführten Kursen an Weiterbildungsinstitutionen nach Art der Institution

						Art der Institution								Gesamt
	VHS	UNI	AÖI	GE	KI	AG	IHK	HW	FV	PS	ZBW	FS	S	
1993	168069	1372	22220	10034	12779	7571	20410	921	18694	51414	556	2804	6467	323311
(n)	(92)	(3)	(11)	(10)	(9)	(3)	(2)	(7)	(17)	(45)	(5)	(18)	(13)	(235)
1992	189404	384	23850	3061	39045	7629	19282	1984	17516	46412	627	2590	5061	356845
(n)	(91)	(2)	(11)	(7)	(13)	(3)	(1)	(10)	(17)	(36)	(5)	(16)	(13)	(225)
1991	179874	1020	20180	2571	35818	8735	19599	1852	17572	34313	664	2270	3841	328309
(n)	(88)	(2)	(10)	(7)	(12)	(3)	(1)	(10)	(17)	(32)	(5)	(17)	(10)	(214)
1990	183374	952	22273	2095	35923	6725	19719	1716	17530	33914	666	2271	6038	343196
(n)	(87)	(2)	(10)	(6)	(12)	(3)	(2)	(10)	(14)	(25)	(5)	(14)	(8)	(198)
1989	185273	988	21868	2077	33771	5994	13745	430	16526	31247	741	2365	6238	331263
(n)	(81)	(2)	(10)	(6)	(12)	(2)	(1)	(7)	(13)	(23)	(5)	(14)	(8)	(184)

Quelle: "Weiterbildungsumfrage '94"

Übersicht 23
Durchschnittliche Zahl der Teilnehmer an 1989-1993 durchgeführten Kursen nach Institutionen an Weiterbildungsinstitutionen nach Art der Institution (arithmetisches Mittel)

	VHS	UNI	AÖI	GE	KI	AG	IHK	HW	FV	PS	ZBW	FS	S	Gesamt
						Art der Institution								
1993	1827	457	2020	1003	1420	2524	10205	132	1100	1143	111	156	497	1376
(n)	(92)	(3)	(11)	(10)	(9)	(3)	(2)	(7)	(17)	(45)	(5)	(18)	(13)	(235)
1992	2081	192	2168	437	3003	2543	19282	198	1030	1289	125	162	389	1586
(n)	(91)	(2)	(11)	(7)	(13)	(3)	(1)	(10)	(17)	(36)	(5)	(16)	(13)	(225)
1991	2044	510	2018	367	2985	2912	19599	185	1034	1072	133	134	384	1534
(n)	(88)	(2)	(10)	(7)	(12)	(3)	(1)	(10)	(17)	(32)	(5)	(17)	(10)	(214)
1990	2108	476	2227	349	2994	2242	9860	172	1252	1357	133	162	2005	1733
(n)	(87)	(2)	(10)	(6)	(12)	(3)	(2)	(10)	(14)	(25)	(5)	(14)	(8)	(198)
1989	2287	494	2187	346	2814	2997	13745	61	1271	1359	148	169	2030	1800
(n)	(81)	(2)	(10)	(6)	(12)	(2)	(1)	(7)	(13)	(23)	(5)	(14)	(8)	(184)

Quelle: "Weiterbildungsumfrage '94"

Übersicht 24

Gesamtzahl der Teilnehmer an 1989 - 1993 durchgeführten Einzelveranstaltungen an Weiterbildungsinstitutionen nach Art der Institution

	VHS	UNI	AÖI	GE	KI	AG	IHK	HW	FV	PS	FS	S	Gesamt
						Art der Institution							
1993	81456	663	22633	1474	9407	947	580	186	14327	42949	31041	7972	213635
(n)	(78)	(2)	(4)	(3)	(8)	(4)	(1)	(1)	(13)	(29)	(6)	(7)	(156)
1992	99766	487	19574	1258	13217	1091	.	33	12127	37789	31398	3569	220309
(n)	(78)	(1)	(4)	(3)	(11)	(4)	.	(1)	(13)	(26)	(4)	(6)	(151)
1991	98166	294	19450	956	13367	1030	.	14	13180	28898	32331	2798	210484
(n)	(76)	(1)	(4)	(2)	(11)	(4)	.	(1)	(11)	(21)	(4)	(5)	(140)
1990	117275	260	18564	785	15233	894	513	0	12807	27051	32785	1777	227944
(n)	(75)	(1)	(4)	(2)	(11)	(4)	(1)	(1)	(10)	(16)	(5)	(5)	(135)
1989	106133	.	13866	567	14112	413	.	17	12487	25680	32363	1432	207070
(n)	(70)	(0)	(4)	(1)	(11)	(2)	.	(1)	(9)	(16)	(4)	(6)	(124)

Quelle: "Weiterbildungsumfrage '94"

Übersicht 25

Durchschnittliche Anzahl der Teilnehmer an 1989 - 1993 durchgeführten Einzelveranstaltungen an Weiterbildungsinstitutionen nach Art der Institution (arithmetisches Mittel)

	Art der Institution												Gesamt
	VHS	UNI	AÖI	GE	KI	AG	IHK	HW	FV	PS	FS	S	
1993	1044	332	5658	491	1176	237	580	186	1102	1481	425	1139	1187
(n)	(78)	(2)	(4)	(3)	(8)	(4)	(1)	(1)	(13)	(29)	(6)	(7)	(156)
1992	1279	487	4894	419	1202	273	·	33	933	1453	601	595	1267
(n)	(78)	(1)	(4)	(3)	(11)	(4)	(0)	(1)	(13)	(26)	(4)	(6)	(151)
1991	1292	294	4863	478	1215	258	·	14	1198	1376	629	560	1291
(n)	(76)	(1)	(4)	(2)	(11)	(4)		(1)	(11)	(21)	(4)	(5)	(140)
1990	1564	260	4641	393	1385	224	513	0	1281	1691	534	355	1465
(n)	(75)	(1)	(4)	(2)	(11)	(4)	(1)	(1)	(10)	(16)	(5)	(5)	(135)
1989	1516	·	3467	567	1283	207	·	17	1387	1605	635	239	1429
(n)	(70)	(0)	(4)	(1)	(11)	(2)	(0)	(1)	(9)	(16)	(4)	(6)	(124)

Quelle: "Weiterbildungsumfrage '94"

Die Teilnahme an den Kursen zeigt, daß spezialisierte Einrichtungen wie z.B. solche, die ausschließlich "politische Bildung" anbieten, mit durchschnittlich 915 Teilnehmern im Jahr 1993, und die Einrichtungen, die nur "berufliche Weiterbildung" anbieten, mit 911 Teilnehmern im Durchschnitt 1993 deutlich geringere Teilnehmerzahlen hatten als die großen Anbieter mit breiter Programmpalette. So hatten z.B. Institutionen, die gleichzeitig "allgemeine", "politische" und "berufliche" Weiterbildung anboten (z.B. Volkshochschulen), durchschnittlich 2.596 Teilnehmer (vgl. Übersicht 26).

Übersicht 26
Durchschnittliche Zahl der Teilnehmer an 1989 - 1993 durchgeführten Einzelveranstaltungen an Weiterbildungsinstitutionen, nach Angebotsbereichen (arithmetisches Mittel)

			Bereiche der Weiterbildung					Gesamt
	Politik	Allg.	Beruf	Politik + Allg.	Politik + Beruf	Allg. + Beruf	Politik + Allg. + Beruf	
1993	915	1250	911	1521	7440	1223	2596	1425
(n)	(4)	(34)	(77)	(13)	(1)	(44)	(42)	(215)
1992	663	1339	811	2239	7740	1367	2895	1562
(n)	(4)	(34)	(70)	(10)	(1)	(40)	(44)	(203)
1991	327	1464	758	1789	7366	1165	2885	1498
(n)	(3)	(31)	(71)	(8)	(1)	(36)	(44)	(194)
1990	250	1506	824	2301	7481	1388	3186	1723
(n)	(2)	(30)	(62)	(7)	(1)	(31)	(45)	(178)
1989	285	1478	719	2400	7674	1526	3380	1775
(n)	(2)	(29)	(57)	(6)	(1)	(28)	(43)	(166)

Quelle: "Weiterbildungsumfrage '94"

Von 67 Prozent der Weiterbildungsinstitutionen in Schleswig-Holstein wird laut unserer Umfrage "berufliche" Weiterbildung, von 52 Prozent "allgemeine" und von 25 Prozent "politische" Weiterbildung angestrebt. "Politische" Weiterbildung wird am häufigsten von Volkshochschulen, anderen öffentlichen Institutionen, gewerkschaftsorientierten Einrichtungen und kirchlichen Institutionen durchgeführt. Demgegenüber wird "allgemeine" Weiterbildung vor allem von Volkshochschulen, kirchlichen Institutionen und Einrichtungen des zweiten Bildungsweges veranstaltet. Integrative Maßnahmen bieten am häufigsten Volkshochschulen und kirchliche Institutionen an. Veranstaltungen, die von ca. einem Drittel oder mehr aller Weiterbildungsträger angeboten werden, beziehen sich auf kaufmännische Themen, EDV, den sozialen bzw. medizinischen Bereich, Sprachen, Mathematik und Naturwissenschaften, Gesundheit, Geisteswissenschaften, Hauswirtschaft und frauenspezifische Angebote (vgl. Übersicht 27).

Übersicht 27
Angebotsbereiche an Weiterbildungsinstitutionen in Schleswig-Holstein nach Art der Institution (1994)
(in Prozent, Mehrfachnennungen)

	Art der Institution													Gesamt
	VHS	UNI	AÖI	GE	KI	AG	IHK	HW	FV	PS	ZBW	FS	S	
Politische Weiterbildung	41	0	29	36	29	17	0	0	4	16	0	5	46	25
Allgemeine Weiterbildung	83	13	29	21	65	17	0	0	30	48	83	33	38	52
Berufliche Weiterbildung	64	75	59	71	59	83	100	92	87	63	17	100	46	67
Integrative Maßnahmen	24	0	0	14	29	17	0	15	9	12	0	5	25	16
Keine Angabe	15	13	18	7	6	17	0	8	0	8	17	0	17	10
Gesamt	227	100	135	150	188	150	100	115	130	148	117	143	171	171
(n)	(103)	(8)	(17)	(14)	(17)	(6)	(2)	(13)	(23)	(73)	(6)	(21)	(24)	(327)

Quelle: "Weiterbildungsumfrage '94"

Die Angebote der Institutionen richten sich überwiegend an Personen, die zwischen 21 und 60 Jahre alt sind. Aber von 51 Prozent der Institutionen werden auch Angebote besonders für Jugendliche gemacht, während nur 37 Prozent Programme speziell für ältere Menschen über 60 Jahre anbieten. Für Senioren bieten arbeitgeberorientierte und handwerksorientierte Institutionen, Fachschulen und selbstverständlich Einrichtungen des zweiten Bildungsweges kaum Veranstaltungen an. Auch zeigt sich, daß nur 26 Prozent der Institutionen zielgruppenspezifische Angebote für Personen ohne Schulabschluß vorsehen.

Frauen stellen einen hohen Anteil der Teilnehmenden in der "politischen" und "allgemeinen" Weiterbildung. Ihr Anteil an der "beruflichen" Weiterbildung ist demgegenüber geringer. Insbesondere bei den Volkshochschulen ist ihre Teilnahmequote beachtlich. Sie beträgt in Schleswig-Holstein ca. 70 Prozent. Schon seit Beginn der siebziger Jahre entwickelten sich viele Weiterbildungsangebote, die sich speziell an Interessen von Frauen orientieren. Während in der "allgemeinen" und "politischen" Weiterbildung schon länger auf die besondere Lebenssituation und -entwürfe von Frauen eingegangen wird, werden berufsbezogene Weiterbildungsangebote für Frauen erst in jüngster Zeit stark ausgebaut. Dabei machen Angebote, die einen beruflichen Wiedereinstieg nach einer familienbedingten Unterbrechung der Erwerbstätigkeit ermöglichen sollen, den Hauptteil aus. Darüber hinaus sind auch in Schleswig-Holstein eine Reihe von Bemühungen zu verzeichnen, Angebote für gering qualifizierte Frauen zu etablieren. Bei vielen frauenspezifischen Veranstaltungen handelt es sich jedoch um "Projekte", die in der Regel nicht kontinuierlich abgesichert sind (vgl. Schiersmann 1994, S. 534ff.). Im Gegensatz zu Erfahrungen im übrigen Bundesgebiet konnte jedoch in Schleswig-Holstein durch ein ganzes Bündel von Instrumenten (z.B. "Arbeit für Schleswig-Holstein"; Mittel des Ministeriums für Frauen, Bildung, Weiterbildung und Sport, Mittel des Europäischen Sozialfonds etc.) eine kontinuierliche Maßnahme- und Projektförderung durchgesetzt werden.

Von den Weiterbildungsinstitutionen in Schleswig-Holstein werden in der Regel für den Besuch der Kurse nur einfache Teilnahmebescheinigungen ausgestellt. Andere Nachweise haben nur für gewerkschaftsorientierte Institutionen, arbeitgeberorientierte Institutionen, Einrichtungen der Industrie- und Handelskammern, handwerksorientierte Träger, Fachverbände, Einrichtungen des zweiten Bildungsweges und Fachschulen Bedeutung. Bei vielen kirchlichen Einrichtungen gibt es in der Regel keine Teilnahmebescheinigung (vgl. Übersicht 28).

Übersicht 28
Zertifizierung von Teilnahme an Weiterbildungsangeboten, nach Art der Institution (in Prozent)

	Art der Institution													Gesamt
	VHS	UNI	AÖI	GE	KI	AG	IHK	HW	FV	PS	ZBW	FS	S	
Teilnahmebescheinigung	90	38	41	79	71	67	100	77	70	71	17	24	75	72
Qualifiziertes Zertifikat ("mit Erfolg teilgenommen")	19	13	24	57	18	17	100	31	57	33	0	29	33	29
Benotetes Zertifikat	9	0	41	21	18	33	100	8	9	19	83	71	4	20
Abschlußurkunde aufgrund einer Hochschulprüfung	0	0	0	0	6	0	0	0	0	0	0	10	0	1
Zertifikat einer anderen Institution	9	0	12	50	6	33	100	62	13	18	0	19	0	16
Andere Form des Nachweises	3	13	0	14	0	0	50	15	0	4	83	14	8	7
keine	32	25	18	7	41	0	0	0	9	21	0	5	25	21
Keine Angabe	0	38	0	0	6	17	0	8	9	1	0	0	0	3
Gesamt	162	125	135	229	165	167	450	200	165	167	183	171	146	167
(n)	(103)	(8)	(17)	(14)	(17)	(6)	(2)	(13)	(23)	(73)	(6)	(21)	(24)	(327)

Quelle: "Weiterbildungsumfrage '94"

Die Angebote der Volkshochschulen haben besonders in den Bereichen Gesundheits- und Seniorenbildung zugenommen. Aber auch die Teilnahme an Veranstaltungen der "politischen Bildung" ist in den letzten Jahren gestiegen. Sprachkurse sind, gemessen an Unterrichtsstunden und Belegungen, der größte Bereich bei allen Volkshochschulen in Schleswig-Holstein. Insgesamt werden über 20 Fremdsprachen unterrichtet. Die Teilnahme an Sprachprüfungen hat stark zugenommen. Ebenso haben die Volkshochschulen seit Inkrafttreten des BFQG ihre Bildungsurlaubsangebote ausgebaut. Im Jahre 1994 umfaßte das Angebot über 400 Maßnahmen (vgl. Ministerium für Frauen, Bildung, Weiterbildung und Sport des Landes Schleswig-Holstein 1995a., S. 7f.).

Die Volkshochschulen haben in den letzten Jahren besonders die berufsorientierte Weiterbildung ausgebaut. Dies geschah vor allem durch die Gründung des Leistungsverbundes "Berufsorientierte Weiterbildung" (BOW) im Jahre 1987. Diesem Leistungsverbund gehörten 1994 53 Volkshochschulen in Schleswig-Holstein (31) und Mecklenburg-Vorpommern (22) an. Aufgabe dieses Leistungsverbundes ist eine verbesserte Kooperation, Programmabstimmung und -entwicklung durch die Standardisierung von Angeboten der berufsbezogenen Weiterbildung hinsichtlich Dauer, Inhalten und Prüfungen. Er versteht sich als "Marketing-Initiative" zur gemeinsamen Produktentwicklung, Werbung und Qualitätssicherung der Volkshochschulen. Einen ähnlichen Ansatz verfolgt auf Bundesebene das Netzwerk "Beruf und Weiterbildung" des DIE des Deutschen Volkshochschulverbandes. Über dieses Netzwerk wird versucht, berufliche Weiterbildung an den Volkshochschulen zu standardisieren. Beim BOW geschieht dies aufgrund gemeinsamer Absprachen der Beteiligten. Die Konzepte und Lehrgangsmaterialien werden allen beteiligten Volkshochschulen zur Verfügung gestellt. Im Jahre 1993 wurden im Rahmen dieses Verbundes landesweit 726 Lehrgänge durchgeführt (vgl. auch Bostelmann 1994, S. 318f.).

5.3 Qualität

Schon in den siebziger Jahren hat eine breite Diskussion über Qualität in der Weiterbildung eingesetzt (vgl. Gnahs/Seusing 1994, S. 214). Seit 1990 ist die Diskussion über Evaluation und Qualität im Weiterbildungsbereich unversehens brisant geworden, da die Qualitätsfrage von der Bundesanstalt für Arbeit quasi als "Scheidewasser" für die Legitimation der Institutionen und für die Verteilung finanzieller Ressourcen genutzt wird. Die Qualitätsdiskussion wurde gezielt forciert, um "schwarze Schafe" auszugrenzen und den "Wildwuchs" in der Weiterbildungslandschaft auszurotten. Die Qualitätsdiskussion ist also in Kürzungspolitiken eingebunden. Dies berührt jedoch nicht die Notwendigkeit einer umfassenden Qualitätssicherung. Die Interessen an einer "guten" Weiterbildung der Teilnehmer verlangen stärkere Aktivitäten in diesem Bereich.

Daß die Qualität von Weiterbildung auch in Schleswig-Holstein ein Thema ist, zeigt erstens die Arbeit des Weiterbildungsverbundes Dithmarschen. Hier wird dieses Thema verstärkt bei Bemühungen um eine Verbesserung des Weiterbildungsstruktur aufgenommen. Zweitens wird dies an den Diskussionen im Landesverband der Volkshochschulen deutlich (vgl. z.B. Bostelmann 1994, S. 319). Drittens hat diese Debatte im Kontext der Etablierung der internationalen Normenreihe ISO 9000 ff. (vgl. Kap. 2) auch in Schleswig-Holstein einen neuen Schub erhalten. Deswegen fördert das Wirtschaftsministerium die probeweise Umsetzung der ISO-Norm bei einer Weiterbildungsinstitution in Schleswig-Holstein. Viertens hat schon bei der Beratung und Verabschiedung des "Bildungsfreistellungs- und Qualifizierungsgesetzes" die Qualitätsdiskussion eine Rolle gespielt. Dies hat zur Verankerung von Grundsätzen zur Anerkennung von Trägern und Einrichtungen der Weiterbildung geführt. Die maßnahme-, träger- und einrichtungsbezogene Überprüfung der Weiterbildung hinsichtlich Qualifikationen der Lehrkräfte, Ausgestaltung der Arbeitsverhältnisse, räumlicher und sachlicher Ausstattung, Zugangsmöglichkeiten, Teilnahmeschutz etc. hat ein Verfahren der Qualitätssicherung in Schleswig-Holstein in Gang gesetzt, jedoch nicht die Defizite, welche sich für die Planung und Durchführung von Weiterbildung als "Haupthindernisse" darstellen, beseitigt.

Berücksichtigt man die Ergebnisse der "Weiterbildungsumfrage '94", so scheint es, daß Qualitätsprobleme zu einem großen Teil von Hindernissen bei der Durchführung und Planung der Weiterbildungsangebote geprägt sind, die sich häufig aus hohen Kosten der Ausstattung (Räume, Technik, Unterrichtsmittel etc.) mit 39 Prozent, der Rekrutierung von qualifizierten Lehrkräften mit 34 Prozent, sowie Raumproblemen und dem Rückgang der Teilnehmerzahlen mit jeweils 28 Prozent ergeben. Relativ geringe Probleme scheinen dagegen die Weiterbildungseinrichtungen mit der Fortbildung der Lehrkräfte zu haben (4 %). Dies ist erstaunlich, wenn man bedenkt, wie groß die Schwierigkeiten bei der Rekrutierung von qualifizierten Lehrkräften sind. Man kann deswegen vermuten, daß Weiterbildungsinstitutionen die Kosten einer qualifizierten Weiterbildung ihrer Dozenten scheuen oder Weiterbildungsveranstaltungen, die möglich wären, weil es ein großes Teilnahmeinteresse gibt, wegen der schwierigen Rekrutierung von qualifizierten Dozenten ausfallen lassen. Die Diskrepanz zwischen den Problemen der Personalrekrutierung und der Mitarbeiterfortbildung bei den Weiterbildungsinstitutionen ist auf jeden Fall auffällig.

Probleme mit der Finanzierung der Ausstattung haben vor allem Volkshochschulen, "andere öffentliche Institutionen" und Privatschulen. Demgegenüber ist dieses Problemfeld für arbeitgeberorientierte Institutionen kaum relevant. Die Rekrutierung von qualifizierten Lehrkräften ist besonders für Volkshochschulen, Universitäten, kirchliche Institutionen, handwerksorientierte Einrichtungen, Fachschulen und "sonstige Weiterbildungsinstitutionen" schwierig.

Bei der Fortbildung der Lehrkräfte haben die kirchlichen Institutionen und Fachschulen überdurchschnittliche Probleme. Raumprobleme haben am häufigsten Volkshochschulen und kirchliche Institutionen. Unter dem Rückgang der Teilnehmerzahlen im Bereich der AFG-geförderten beruflichen Weiterbildung leiden vor allem gewerkschafts- und arbeitgeberorientierte Einrichtungen, Einrichtungen der Industrie- und Handelskammern, handwerksorientierte Institutionen, Fachverbände, Einrichtungen des zweiten Bildungsweges und Fachschulen. Demgegenüber haben Einrichtungen der Industrie- und Handelskammern, handwerksorientierte Einrichtungen und Fachverbände keine Marketingprobleme. Bei diesen sind, wie auch bei den arbeitgeberorientierten Einrichtungen und Fachschulen, die vorhandenen Planungskapazitäten ausreichend (vgl. Übersicht 29). Die Probleme scheinen sich vor allem zwischen den Anbietern mit breiter Palette und den spezialisierten Institutionen zu unterscheiden. Während die "spezialisierten Institutionen" erhebliche Probleme mit dem Rückgang der Teilnehmerzahlen haben, ist dies bei den "Institutionen mit einer breiten Angebotspalette" weniger der Fall. Diese haben weniger Klarheit über den tatsächlichen Bedarf, größere Schwierigkeiten mit den vorhandenen Planungskapazitäten sowie Raumprobleme. Auch haben mehr Einrichtungen, die "Institutionen mit einer breiten Angebotspalette" sind, Probleme mit den Kosten der Ausstattung. Gleiches gilt für die Rekrutierung von qualifizierten Lehrkräften (vgl. Übersicht 30).

Diese "Hindernisse" werden von Weiterbildungsinstitutionen oft nicht als grundlegende Qualitätsfragen begriffen. Ein solcher Standpunkt kann sich durchsetzen, weil Qualitätssicherung in der Weiterbildung bisher formell nicht geregelt ist. Hinzu kommt, daß, obwohl die Auseinandersetzungen über Qualitätskriterien schon im Zusammenhang des Berufsbildungsgesetzes und des Arbeitsförderungsgesetzes begonnen hatte, es bisher keinen hinreichenden Konsens über die scheinbar einfache Frage gibt, was eine gute Weiterbildung ist. Weder Kriterien noch Methoden noch Adressaten der Qualitätsdiskussion sind hinreichend geklärt. Zudem oder deswegen sind empirische Untersuchungen zur Weiterbildungsqualität selten. Ergebnisse solcher Studien entsprechen dem "Methodendefizit". Sie stellen Qualitätsmängel fest, wobei deren Identifikation stark vom Forschungsdesign abhängt (vgl. Gnahs/Seusing 1994, S. 216ff.; Weymann 1994, S. 245ff.). Für Schleswig-Holstein gibt es noch keine solchen Untersuchungen.

Übersicht 29
Haupthindernisse bei der Durchführung/Planung der Weiterbildungsangebote in Schleswig-Holstein 1994 nach Art der Institution (in Prozent, Mehrfachnennungen)

	Art der Institution													Gesamt
	VHS	UNI	AÖI	GE	KI	AG	IHK	HW	FV	PS	ZBW	FS	S	
Kosten der Ausstattung (Technik, Unterrichtsmittel, etc.)	51	25	54	29	36	0	50	27	28	39	17	28	17	38
Rekrutierung von qualifizierten Lehrkräften	52	38	23	21	43	0	0	36	22	19	17	33	26	34
Fortbildung der Lehrkräfte	3	0	0	0	14	0	0	0	6	2	0	22	4	4
Raumprobleme	40	13	31	0	43	20	0	27	28	22	0	28	17	28
Marketingprobleme	10	13	8	7	14	20	0	0	0	12	17	17	9	10
Nicht vorhandene Planungskapazitäten	12	13	8	7	21	0	0	0	0	14	17	0	17	11
Unklarheiten über den tatsächlichen Bedarf	30	13	8	7	29	20	50	9	33	24	33	6	0	22
Rückgang der Teilnehmerzahlen	21	25	31	50	14	40	50	36	39	25	83	33	22	28
Keine Angabe	8	38	8	21	14	60	0	27	6	15	17	17	22	14
Gesamt	227	175	169	143	229	160	150	164	161	171	200	183	135	189
(n)	(99)	(8)	(13)	(14)	(14)	(5)	(2)	(11)	(18)	(59)	(6)	(18)	(23)	(290)

Quelle: "Weiterbildungsumfrage '94"

Übersicht 30
Haupthindernisse bei der Planung und Durchführung der Angebote von Weiterbildungsinstitutionen in Schleswig-Holstein, 1994, nach Angebotsbereichen
(in Prozent; Mehrfachnennungen)

	Bereiche der Weiterbildungsangebote							Gesamt
	Politik	Allg.	Beruf	Politik + Allg.	Politik + Beruf	Allg. + Beruf	Politik + Allg. + Beruf	
Kosten der Ausstattung (Technik, Unterrichtsmittel, etc.)	33	30	35	42	60	48	51	41
Rekrutierung von qualifizierten Lehrkräften	22	35	25	33	20	48	45	35
Fortbildung der Lehrkräfte	11	5	3	0	0	8	2	4
Raumprobleme	11	33	20	42	40	34	45	31
Marketingprobleme	0	2	10	17	0	14	20	11
Nicht vorhandene Planungskapazitäten	11	12	7	17	20	8	24	12
Unklarheiten über den tatsächlichen Bedarf	0	23	16	33	0	36	27	23
Rückgang der Teilnehmerzahlen	22	47	36	17	20	30	10	30
Keine Angabe	33	5	15	0	20	6	2	9
Gesamt	144	191	168	200	180	232	227	196
(n)	(9)	(43)	(88)	(12)	(5)	(50)	(49)	(256)

Quelle: "Weiterbildungsumfrage '94"

Angesichts der Kombination von kurzfristigen Finanzengpässen und langfristigen Strukturunsicherheiten ist Evaluation im Bereich Weiterbildung besonders problematisch. Unter dem Stichwort Evaluation wird dabei der Prozeß der Beurteilung des Wertes eine Produktes, eines Prozesses oder eines Programmes gefaßt. Evaluation im Zusammenhang der Qualitätsdiskussion ist ziel- und zweckorientiert. Sie hat primär das Ziel, praktische Maßnahmen zu bewerten und zu begründen, d.h., sie zu planen und zu überprüfen, um sie zu verbessern und um über Alternativen entscheiden zu können. Es geht aber auch um die Legitimation laufender Lehr- und Lernprozesse. Adressaten der Qualitätsdiskussion können die Lernenden, Dozenten, Bildungsabteilungen, Vorgesetzte, Management, Arbeitgeber, Weiterbildungsinstitutionen und Weiterbildungsförderer sein. Die Konzepte der Evaluation richten sich auf unterschiedliche Phasen des Lehr-/Lernprozesses.

So kann in einer Kontextevaluation vor allem das Umfeld - in der Weiterbildung die Träger/Einrichtungen - ins Blickfeld kommen; eine Input-Evaluation richtet sich auf die eingesetzten Ressourcen bezogen auf Organisation, Technik, Personal und Didaktik. Eine Output-Evaluation versucht, das Ergebnis bezogen auf die erworbenen Kompetenzen zu bewerten. Mit Hilfe einer Transferevaluation kann die Umsetzung des Gelernten untersucht werden. Da aber diese Fragestellungen jeweils nur einen Ausschnitt betrachten, kommt es darauf an, ein kombiniertes Qualitätskonzept zu entwickeln.

In einem im Rahmen Zusammenhang der Weiterbildungsberatung entstandenen Konzept wurde vorgeschlagen, zwischen folgenden Aspekten zu unterscheiden (vgl. Faulstich 1991; 1988):

(a) Träger-/Einrichtungsqualität: Rechts-/Wirtschaftslage, Personal, Ausstattung, Standort, Erfahrung, Angebotsbreite;

(b) Durchführungsqualität: Organisation, Technik, Personal und Didaktik;

(c) Erfolgsqualität: arbeitsplatzbezogene Kompetenz, persönlichkeitsbezogene Kompetenz, Persönlichkeitsentfaltung und Abschlüsse.

Mögliche Evaluationsinstrumente, die eingesetzt werden können, sind: Zielanalyse, Organisationsanalyse, Mitarbeitergespräche, Betriebsklimauntersuchung, Tests, Personalbeurteilungsverfahren, Beobachtungen, Einzel- und Gruppengespräche, Interaktionsanalysen, Prozeßanalysen, Rollenspiele, Interviews, Fragebogen, qualitative Techniken, Vergleiche, Fallstudien, Transferfragebogen, Ergebnisberichte bis hin zu scheinbar harten Leistungsdaten und Kennziffern. Vergleicht man allerdings dieses Methodenrepertoire mit der Anwendung in der Realität der Weiterbildung, so zeigt sich eine geringe Verbreitung. Zwar gibt es vielfältige Nachbefragungen an Hand von Fragebogen; für weitreichendere Instrumente scheinen aber oft wenig Zeit und wenig Ressourcen vorhanden zu sein. Insofern ist Skepsis angebracht gegenüber dem instrumentell eingeschränkten Rahmen der Diskussion. Es ist deshalb wichtig, daß das Ausmaß an Reflexivität in der Qualitätsdiskussion erhöht wird. Dazu ist ein träger- und einrichtungsübergreifendes Modell zu entwickeln, das ein solches Rahmenkonzept für Evaluationsansätze bietet und zur gemeinsamen Diskussion der Institutionen beiträgt. In diesem Kontext könnte auch eine Standardisierung der verschiedenen bestehenden regionalen Gütesiegel, die zumeist auf einer freiwilligen Selbstkontrolle der Weiterbildungsinstitutionen beruhen, einen Fortschritt bringen. Dies könnte dazu führen, daß neben der Prozeßqualität - durch die Zertifizierung nach ISO 9.000ff. - auch die Produktqualität in der Weiterbildung verstärkt gesichert wird. Ein solches Vorhaben einer landesweiten Qualitätsdiskussion könnte für Schleswig-Holstein fruchtbar gemacht werden.

5.4 Personal

Eine der wichtigsten Qualitätsfragen ist die der Personalausstattung von Weiterbildungsinstitutionen. Das Aufgabenspektrum von Mitarbeitern läßt sich in dis-
ponierende und lehrende Funktionen aufgliedern. Weil aber die Zahl hauptberufli-
cher Stellen gering ist, liegen verwaltende, planende und entwickelnde Tätigkeiten
häufig in einer Hand. Hauptberufliche Mitarbeiter sind vor allem mit der Koordinierung und Anleitung der meist nebenberuflichen und ehrenamtlichen Lehrkräfte
ausgelastet. Nur einige wenige der Institutionen in Schleswig-Holstein verfügen
nach den Ergebnissen der "Weiterbildungsumfrage '94", bezogen auf hauptberufliche Mitarbeiter, über einen breiten Personalstamm, der eine Ausdifferenzierung
von Funktionen möglich macht. Gleichzeitig gilt für die kleinen Institutionen, daß
die Aufgaben von Leitung, Planung, Unterricht und Verwaltung wenig differenziert sind. Nur in einigen Einrichtungen, wie in den Fachschulen oder Einrichtungen des zweiten Bildungsweges, haben die hauptberuflichen Mitarbeiter eine
größere Bedeutung für die Lehre als die nebenberuflichen. Letztere werden oft für
die Weiterbildung als wichtig angegeben, weil sie Flexibilität, Vielfalt, Aktualität
und Praxisnähe garantieren sollen. Häufig mangelt es ihnen allerdings an Qualifikation im Erwachsenenunterricht. Daher hat es oft den Anschein, als würden die
angedeuteten Vorteile nur der Legitimation von Kostenersparnis in Weiterbildungsinstitutionen dienen.

1993 waren nach den Ergebnissen der "Weiterbildungsumfrage '94" 4.201
hauptberufliche und 9.738 nebenberufliche Mitarbeiter bei Weiterbildungsinstitutionen in Schleswig-Holstein beschäftigt. Die tatsächliche Zahl dürfte jedoch weit
höher liegen. Nach unserer Umfrage gab es 11,3 hauptberufliche Mitarbeiter je
Weiterbildungsinstitution. Besonders viele hauptberufliche Mitarbeiter hatten die
"anderen öffentlichen Institutionen" mit 506 Mitarbeitern. Demgegenüber arbeiteten die arbeitgeberorientierten Institutionen mit insgesamt 65 und die Einrichtungen des zweiten Bildungsweges mit insgesamt 77 hauptamtlichen Mitarbeitern.
Beide Institutionengruppen hatten über dem Durchschnitt liegende Zahlen an
hauptberuflichen Mitarbeitern je Einrichtung.

Besonders bei den Volkshochschulen ergab die Umfrage eine verhältnismäßig
geringe Zahl von hauptberuflichen (177) und eine große Zahl von nebenberuflichen Mitarbeitern (4.468). Mit 1,8 hauptberuflichen Mitarbeitern und mit 45,6
nebenberuflichen Mitarbeitern pro Einrichtung liegen die Volkshochschulen unter
bzw. über dem Durchschnitt in Schleswig-Holstein (vgl. Übersichten 31 und 32).
Nach der eigenen Statistik des Volkshochschulverbandes hatten alle Volkshochschulen 1992 über 220 hauptberufliche und 8.221 nebenberufliche Mitarbeiter.
"Privatschulen" gaben mit 1.509 nebenberuflichen Mitarbeitern - genauso wie die
Einrichtungen der Industrie- und Handelskammern mit 1.087 - relativ viele nebenberufliche Mitarbeiter an, lagen jedoch mit 22,3 solcher Mitarbeiter pro Institution unter dem Durchschnitt von 32,4.

Übersicht 31
Anzahl der Mitarbeiter an Weiterbildungsinstitutionen in Schleswig-Holstein, 1993, nach Art der Institution

	VHS	UNI	AÖI	GE	KI	AG	IHK	HW	FV	PS	ZBW	FS	S	Gesamt
						Art der Institution								
Hauptberufliche Mitarbeiter insgesamt 1993	177	203	506	327	200	65	358	315	246	355	77	1247	125	4201
(n)	(98)	(7)	(15)	(13)	(16)	(5)	(2)	(13)	(22)	(65)	(5)	(19)	(21)	(301)
Nebenberufliche Mitarbeiter insgesamt 1993	4468	158	228	422	761	78	1087	369	199	1509	22	83	354	9738
(n)	(98)	(7)	(15)	(13)	(16)	(5)	(2)	(13)	(22)	(65)	(5)	(19)	(21)	(301)

Quelle: "Weiterbildungsumfrage '94"

Übersicht 32
Durchschnittliche Zahl der Mitarbeiter an Weiterbildungsinstitutionen in Schleswig-Holstein , 1993, nach Art der Institution (arithmetisches Mittel)

	Art der Institution													Gesamt
	VHS	UNI	AÖI	GE	KI	AG	IHK	HW	FV	PS	ZBW	FS	S	
Hauptberufliche Mitarbeiter	1,8	29,0	33,7	25,2	12,5	13,0	179	24,2	11,2	5,5	15,4	23,3	6,0	11,3
Nebenberufliche Mitarbeiter	45,6	22,6	15,2	32,5	47,6	15,6	544	28,4	9,0	23,2	4,4	4,4	16,9	32,4
(n)	(98)	(7)	(15)	(13)	(16)	(5)	(2)	(13)	(22)	(65)	(5)	(19)	(21)	(301)

Quelle: "Weiterbildungsumfrage '94"

Übersicht 33
Durchschnittliche Zahl der Mitarbeiter an Weiterbildungsinstitutionen in Hessen, 1988, nach Art der Institution (arithmetisches Mittel)

	Art der Institution														Gesamt
	VHS	UNI	AÖI	GE	KI	AG	IHK	HW	FV	KOM*	JB**	FS	S	VER	
Hauptberufl. Mitarbeiter	18,4	3,4	3,5	16,4	10,5	31,6	7,3	6,2	6,7	11,9	3,2	11,6	6,4	3,7	9,2
Nebenberufl. Mitarbeiter	412,3	32,4	24,0	57,2	203,7	52,4	106,5	27,0	72,5	23,8	22,0	5,7	66,0	27,4	72,1
(n)	(33)	(15)	(32)	(20)	(30)	(9)	(15)	(20)	(48)	(81)	(35)	(59)	(9)	(57)	(463)

Quelle: "Weiterbildungsumfrage '89"
* Kommerzielle
** Jugendbildung / *** Vereinigungen

Im Jahre 1989 hatten Weiterbildungsinstitutionen in Schleswig-Holstein durchschnittlich 8,8 hauptberufliche Mitarbeiter. Damit lagen sie zu diesem Zeitpunkt unter dem in Hessen bestehenden Durchschnitt von 9,2. Weiterbildungsinstitutionen in Schleswig-Holstein hatten zur gleichen Zeit mit 30,3 nebenberuflichen Mitarbeitern pro Einrichtung auch bedeutend weniger als in Hessen, wo 72,1 Mitarbeiter üblich waren. Laut Weiterbildungsumfrage '94 waren in Schleswig-Holstein 1993 durchschnittlich 14 hauptamtliche und 33 nebenamtliche Mitarbeiter je Weiterbildungsinstitution beschäftigt, wobei Verschiebungen der Erhebungsgesamtheit und der Rückläufe die Vergleiche zwischen den Bundesländern und in unterschiedlichen Jahren in ihrer Aussagekraft erheblich einschränken.

Weiterbildungsträger die ausschließlich "berufliche" Weiterbildung anbieten, stützten sich mit durchschnittlich 18,9 im Jahr 1993 am meisten auf hauptberufliche Mitarbeiter und mit 26,7 auf vergleichsweise wenige nebenberufliche Mitarbeiter. Einrichtungen der "politischen" Bildung arbeiteten mit durchschnittlich nur 9,3 nebenberuflichen und 5,9 hauptberuflichen Mitarbeitern. Am wenigsten hauptberufliche Mitarbeiter (im Durchschnitt 3,8) beschäftigten Einrichtungen, die "allgemeine" Weiterbildung anbieten. Mit 27,9 nebenberuflichen Mitarbeitern lagen sie im "Mittelfeld". Die Einrichtungen, die "berufliche" Weiterbildung anbieten, beschäftigten immer weitaus mehr hauptberufliche Mitarbeiter als die Einrichtungen, die keine "berufliche" Weiterbildung anbieten (vgl. Übersicht 34). Dabei ist der unterschiedliche arbeitsrechtliche Status von "Hauptberuflichkeit" bei den verschiedenen Institutionen zu berücksichtigen.

Übersicht 34
Durchschnittliche Zahl der Mitarbeiter an Weiterbildungsinstitutionen in Schleswig-Holstein, 1993, nach Angebotsbereichen (arithmetisches Mittel)

	Bereiche der Weiterbildungsangebote							Gesamt
	Politik	Allg.	Beruf	Politik + Allg.	Politik + Beruf	Allg. + Beruf	Politik + Allg. + Beruf	
Haupberufliche Mitarbeiter	5,9	3,8	18,9	5,0	14,5	8,6	8,4	11,5
Nebenberufliche Mitarbeiter	9,3	27,9	26,7	37,7	54,8	20,4	61,7	33,0
(n)	(7)	(42)	(101)	(15)	(4)	(49)	(51)	(269)

Quelle: "Weiterbildungsumfrage '94"

Die Personalstruktur von Weiterbildungseinrichtungen weist eine deutliche geschlechtsspezifische Segregation auf. Während ein Großteil der nebenberuflichen Dozenten bzw. Kursleiter weiblich ist, sind Frauen unter den hauptberuflichen pädagogischen Mitarbeitern und in "Führungspositionen" weniger vertreten. Ein Beispiel hierfür sind die Volkshochschulen in Schleswig-Holstein. Von den 8.078 Kursleitern im Jahre 1993 waren 5.430 Frauen. Demgegenüber waren an den 34 hauptamtlich geleiteten Volkshochschulen nur neun "Leitungsstellen" von Frauen besetzt (vgl. Landesverband der Volkshochschulen Schleswig-Holstein e.V. 1994, S. 50).

Bei der Personalentwicklung in den Weiterbildungsinstitutionen scheint Schleswig-Holstein einen Nachholbedarf zu haben. Dies betrifft die verstärkte Rekrutierung von hauptamtlichen Mitarbeitern, um den bestehenden Angeboten ein Mindestmaß an Stabilität und Kontinuität zu sichern, den Ausgleich von geschlechtsspezifischen Benachteiligungen sowie die verstärkte Fortbildung des Personals zu ermöglichen. Für letzteres scheint es nicht auszureichen, den Status quo zu belassen, bei dem die Qualifizierung des Personals weitgehend den einzelnen Institutionen überlassen bleibt. Hier wäre eine landesweite Initiative sinnvoll, da als Hindernis für die Durchführung und Planung der Weiterbildungsangebote Schwierigkeiten bei der Rekrutierung von qualifizierten Lehrkräften von vielen Institutionen genannt werden. So ist es z.B. in Schleswig-Holstein relativ schwer, Hochschulabsolventen auf Honorarbasis als "nebenberufliche" Dozenten zu gewinnen. Für langfristige Entwicklungen ist es deshalb sicherlich notwendig, eine stärkere Stabilität der Rekrutierung und Qualifizierung des Personals anzustreben, um die Kontinuität der Programme zu sichern. Der Einsatz von mehr hauptamtlichem Personal wird dafür als besonders zu fördern angesehen.

5.5 Finanzierung

In der öffentlichen Förderung der Weiterbildung in der Bundesrepublik Deutschland dominierte in den sechziger und siebziger Jahren eine institutionelle Förderung von Einrichtungen der "allgemeinen" und "politischen" Weiterbildung. Während der siebziger Jahre gewann dann die Weiterbildungsförderung im Rahmen einer zielgerichteten, präventiven Arbeitsmarktpolitik durch die Bundesanstalt für Arbeit zunehmend größere Bedeutung. Das schlug sich in den achtziger Jahren auch in entsprechenden Landesprogrammen zur Förderung der beruflichen Weiterbildung nieder. Ende der achtziger Jahre setzte eine Neuorientierung ein, die darauf ausgerichtet ist, verstärkt die Weiterbildungsinfrastruktur zu fördern. Dies ist auch in Schleswig-Holstein zu spüren. Eine ausgezeichnete Dokumentation zur "Finanzierung der Weiterbildung" liegt mit der "Antwort der Ministerin für Frauen, Bildung, Weiterbildung und Sport des Landes Schleswig-Holstein auf die große Anfrage der Fraktion der SPD" (Landtagsdrucksache 13/1687) vor. Damit konnten wir uns auf die Aussagen des Ministeriums stützen, die unsere Weiterbildungsumfrage ´94 in einigen Punkten relativieren.

Aus dieser Entwicklung resultierend, entstand in der Bundesrepublik Deutschland, bezogen auf die Finanzierung der Weiterbildung, ein *Finanzmix*. Schätzungen gehen davon aus, daß im Jahre 1992 von den Arbeitgebern in der gewerblichen Wirtschaft 36,5 Milliarden, von Landwirtschaft, freien Berufen, Kirchen und Gewerkschaften, Verbänden und öffentlichen Arbeitgebern etwa 13,2 Milliarden, von der Bundesanstalt für Arbeit etwa 19 Milliarden, von Bund, Ländern und

Gemeinden etwa 4,3 Milliarden, von der Europäischen Union 0,5 Milliarden und durch die Weiterbildungsteilnehmer ungefähr 9,8 Milliarden aufgebracht wurden.

Insgesamt werden die Aufwendungen für die Weiterbildung im Jahre 1992 auf 80 bis 100 Mrd. DM geschätzt (vgl. Alt/Sauter/Tillmann 1993, S. 69ff.; Schmidt 1993a, S. 11f.). Diese Schätzungen enthalten allerdings einen erheblichen Teil "rechnerischer Anforderungen" - Arbeitszeit, ausfallende produktive Leistungen, Einarbeitung etc. Die Aufwendungen bestehen aus einem Geflecht von internen, von den Trägern selbst getragenen Kosten, öffentlichen Ausgaben, Staatsfinanzen, direkten und indirekten Subventionen usw., bei denen öffentliche Förderung aber nur einen Teil ausmacht.

Nach Angaben der Weiterbildungsinstitutionen bei der "Weiterbildungsumfrage '94" besteht auch in Schleswig-Holstein dieser Finanzmix. Zu 45,6 Prozent finanzierten sich die Institutionen 1993 aus Gebühren der Teilnehmer. Eigenmittel des Trägers (12,8 %), kommunale Mittel (8,9 %) und Mittel nach dem Arbeitsförderungsgesetz (8,3 %) stellten darüber hinaus relevante Größen dar. Dabei stützen wir uns auf die Angaben der Institutionen und konnten die realen Mittelflüsse im einzelnen nicht überprüfen.

Kommunale Mittel waren 1993 nach der "Weiterbildungsumfrage '94" vor allem für die antwortenden Volkshochschulen mit 18 Prozent wichtig. Die Verbandsstatistik nennt höhere Zahlen. Für andere öffentliche Institutionen waren sie mit 14,1 Prozent und für Fachschulen mit 11,2 Prozent bedeutsam. Sie machten 8,9 Prozent des gesamten Finanzvolumens aller Weiterbildungsinstitutionen aus. Als Schulträger decken z.B. die Kreise und kreisfreien Städte den Sachbedarf des Betriebs der Fachschulen ab. Auch werden von ihnen die laufenden Kosten der Familienbildungsstätten zu ca. sieben Prozent finanziert. Die Ortskulturringe und die vom Land geförderten Heimvolkshochschulen, Akademien und Bildungsstätten erhalten verschiedentlich von den jeweiligen Gebietskörperschaften ihres Sitzes in geringem Umfang Zuschüsse. Mitgliedsbeiträge machen 5,7 Prozent des Finanzierungsvolumens aus und sind vor allem für Fachverbände mit 29,3 Prozent relevant.

Einen bedeutenden Anteil an der Finanzierung, wenn auch je nach Institution in unterschiedlichem Ausmaß, machen Teilnehmergebühren aus. Die Volkshochschulen finanzieren sich zu 50,4 Prozent - nach Angaben der auf die Weiterbildungsumfrage antwortenden Institutionen -, die Weiterbildungsaktivitäten der Hochschulen zu 67 Prozent, arbeitgeberorientierte Institutionen zu 58,5 Prozent, Institutionen des Handwerks zu 63,2 Prozent und Privatschulen zu 50,9 Prozent aus Teilnehmergebühren.

Vergleichsweise gering ist bei allen Weiterbildungsträgern die Finanzierung aus europäischen Mitteln. Dennoch wird eine, bisher eher marginale, komplementäre Finanzierung aus EU-Mitteln für die berufliche Weiterbildung zunehmend wichtiger. Aus der spätestens seit 1991 reduzierten AFG-Förderung ergibt sich ein Anpassungsprozeß, der dazu führt, daß große Weiterbildungsinstitutionen eine

Übersicht 35

Finanzierungsquellen von Weiterbildungsinstitutionen in Schleswig-Holstein, 1993, nach Art der Institution
(arithmetisches Mittel von Prozentanteilen)

	Art der Institution													Gesamt
	VHS	UNI	AÖI	GE	KI	AG	IHK	HW	FV	PS	ZBW	FS	S	
Mitgliederbeiträge	2,3	2,6	1,4	9,0	3,6	,5	,0	6,5	29,3	7,6	,0	,2	2,7	5,7
Teilnehmergebühren	50,4	67,0	48,5	14,1	28,7	58,5	45,0	63,2	44,9	50,9	,0	36,8	31,4	45,6
Eigenmittel des Trägers	13,5	,4	25,6	15,8	45,0	3,8	,0	6,0	5,0	3,3	52,5	13,0	16,5	12,8
Arbeitsförderungsgesetz	1,9	,0	,0	44,9	,3	30,0	42,0	11,0	,7	16,0	,0	8,5	4,9	8,3
Mittel des MFBWS	4,2	28,1	4,6	4,0	4,0	,0	2,0	,0	,0	3,9	47,5	28,0	1,4	6,1
Mittel des Sozialministeriums	,3	,0	3,1	,3	5,5	,0	1,0	,0	3,3	5,4	,0	,0	8,6	2,6
Sonst. Landesmittel	3,1	,0	,0	,2	,2	1,3	10,0	6,5	,9	3,5	,0	,3	9,8	3,0
Kommunale Mittel	18,0	,0	14,1	,1	,3	,0	,0	,1	6,0	3,5	,0	11,2	6,6	8,9
BSHG	,2	,0	,0	,0	,0	,0	,0	,0	,0	,0	,0	,0	,0	,1
Sonstige Bundesmittel	,5	,3	,3	,2	1,1	,0	,0	3,0	,3	,9	,0	,0	12,9	1,5
Europäischer Struktur- u. Sozialfonds	,1	,0	,0	,0	,0	,0	,0	,0	,0	,2	,0	,0	,0	,1
Sonstige europäische Mittel	,0	,0	,0	,0	,0	,0	,0	,0	,0	,0	,0	,0	,0	,0
Sonstige Mittel	5,4	1,6	2,4	11,4	11,5	6,0	,0	3,7	9,5	4,9	,0	2,0	4,9	5,5
(n)	(77)	(7)	(8)	(10)	(12)	(4)	(1)	(10)	(15)	(50)	(4)	(11)	(16)	(225)

Quelle: "Weiterbildungsumfrage '94"

gleichbleibende Infrastruktur nicht mehr vorhalten können (vgl. Übersicht 35).

Die Finanzierung der Weiterbildungsveranstaltungen der Hochschulen erfolgt hauptsächlich durch Teilnehmergebühren. Daraus werden nicht nur Honorare, sondern auch weitere Ausgaben, insbesondere für Werbung, Druckkosten sowie Veranstaltungsräume getragen. Die Weiterbildungsangebote der Fachhochschulen Kiel und Lübeck werden weitgehend durch Einnahmen aus den Weiterbildungsveranstaltungen finanziert. Darüber hinaus sind zehn Prozent (Kiel) bzw. 20 Prozent (Lübeck) der Einnahmen als Deckungsanteile für fixe Kosten an das Land abzuführen.

Die Institutionen der "politischen" Bildung finanzierten sich 1993 nach unserer "Weiterbildungsumfrage '94" zu 15,2 Prozent aus Mitgliederbeiträgen, zu 29,7 Prozent aus Eigenmitteln der Träger, zu 11,8 Prozent aus kommunalen Mitteln und zu 12,5 Prozent aus sonstigen Bundesmitteln. Darüber hinaus hatten Teilnehmergebühren mit 9,2 Prozent, Mittel des Ministeriums für Frauen, Bildung, Weiterbildung und Sport des Landes Schleswig-Holstein mit 4,7 Prozent, sonstige Landesmittel mit 5,5 Prozent und "sonstige Mittel" mit 11,5 Prozent Bedeutung. Die Träger der "allgemeinen" Bildung finanzierten sich zu 39,7 Prozent aus Teilnehmergebühren, zu 6,7 Prozent aus Mitteln des Ministeriums für Frauen, Bildung, Weiterbildung und Sport des Landes Schleswig-Holstein, zu 11,9 Prozent aus kommunalen Mittel und zu 18,3 Prozent aus Eigenmitteln der Institutionen.

Damit unterscheiden sie sich deutlich von Institutionen, die "berufliche" Weiterbildung anbieten, da diese sich weniger auf Eigenmittel der Institutionen stützten, als Institutionen, die "politische" oder "allgemeine" Weiterbildung anbieten (vgl. Übersicht 36).

Betrachtet man die Seite der Förderer von Weiterbildung, werden aus dem oben beschriebenen Finanzierungsgeflecht vor allem drei Bereiche, nämlich das Land Schleswig-Holstein, die Mittel nach dem AFG und die Förderung durch die Europäischen Union, bedeutsam:

(a) Leistungen des Landes: In Schleswig-Holstein erfolgt die finanzielle Förderung der Weiterbildung durch das Land nach Maßgabe des Haushaltsgesetzes und der Landeshaushaltsordnung. Ein Teil der Landesmittel im Weiterbildungsbereich wird auf dem Wege der Projektförderung vergeben. Hierunter fallen Zuwendungen für Bildungsveranstaltungen, Beschaffung von Einrichtung und Ausstattung, für Um-, Aus- und Neubauten, zielgruppenbezogene Zuwendungen, Zuwendungen zu Honoraren und Personalkosten. Einrichtungen gleicher Art werden dabei zum Teil unterschiedlich bedacht. Während einige Heimvolkshochschulen gar keine staatliche Förderung genießen (z.B. Heimvolkshochschule Klappholttal), bekommen andere eine geringe Förderung und ein kleiner Teil eine erhebliche Förderung von seiten des Staates. Die Finanzierungsstruktur führt also zu recht unterschiedlichen Resultaten bei gleichartigen Einrichtungen. Die Finanzierung beruht nicht auf rechtlichen Regelungen in einem Weiterbildungsgesetz, d.h., die Finanzierung erfolgt z.B. nicht pro Person oder gemessen an der Stundenanzahl der Einrichtungen o.ä. Kriterien, sondern nach dem Haushaltsgesetz. Veränderun-

gen gibt es durch politische Initiativen, wie sie z.B. in den letzten Jahren hinsichtlich des Nordkollegs Rendsburg erfolgten.

Übersicht 36
Finanzierungsquellen von Weiterbildungsinstitutionen in Schleswig-Holstein 1993, nach Angebotsbereichen der Institutionen
(arithmetisches Mittel von Prozentanteilen)

	Bereiche der Weiterbildungsangebote							Gesamt
	Politik	Allg.	Beruf	Politik + Allg.	Politik + Beruf	Allg. + Beruf	Politik + Allg. + Beruf	
Mitgliederbeiträge	15,2	5,3	8,9	6,7	4,5	4,0	1,6	6,0
Teilnehmer-gebühren	9,2	39,7	51,6	32,5	52,5	55,1	42,4	46,1
Eigenmittel des Trägers	29,7	18,3	4,7	24,3	,8	12,9	16,3	12,4
AFG-Mittel	,0	,2	21,1	,0	6,3	,6	4,8	8,8
Mittel des MFBWS	4,7	6,7	6,7	10,8	5,5	3,6	5,9	6,2
Mittel des Sozial-ministeriums	,0	4,2	,5	,1	,0	2,9	3,2	2,0
Sonstige Landesmittel	5,5	5,1	2,1	3,8	7,8	2,4	2,1	3,0
Kommun. Mittel	11,8	11,9	1,7	11,1	18,8	11,3	12,2	8,3
BSHG	,0	,0	,0	,0	,0	,0	,4	,1
Sonstige Bundesmittel	12,5	,3	,6	10,2	,0	,0	2,0	1,6
Europäischer Struktur- u. Sozialfonds	,0	,0	,1	,0	,0	,0	,3	,1
Sonstige europäische Mittel	,0	,0	,0	,0	,0	,0	,0	,0
Sonstige Mittel	11,5	8,2	1,9	,8	4,0	7,2	8,9	5,5
(n)	(6)	(33)	(72)	(12)	(4)	(35)	(38)	(200)

Quelle: "Weiterbildungsumfrage '94"

Ansätze einer Förderungsregelung bietet der § 5 des BFQG, zumal § 16 desselben Gesetzes, nach dem insbesondere anerkannten Trägern und Einrichtungen der Weiterbildung eine institutionelle Förderung nach Maßgabe des Haushalts gewährt werden kann, wegen der angespannten Finanzlage des Landes keine haushaltsmäßige Umsetzung erfahren hat und mit dem Haushaltsbegleitgesetz 1994 gestrichen wurde. Die Gründe für die heutige Förderstruktur der institutionellen Weiterbildung in Schleswig-Holstein liegen u.a. darin, daß mächtige Verbände die kleinen Haushaltsansätze ihrer Einrichtungen kontinuierlich stützen, während andere, kleinere, Institutionen kaum Aussicht auf Förderung haben. In den vergangenen zehn Jahren hat sich diese Struktur nicht wesentlich verändert.

Die Zuschüsse des Ministerium für Frauen, Bildung, Weiterbildung und Sport an die Institutionen der "allgemeinen" und "politischen" Weiterbildung sind in ihrer Höhe weitgehend gleich geblieben, sieht man von wenigen Steigerungen sowie von Mittelübertragungen durch Zusammenfassung von Förderungen ab. Die meisten Mittel des "Ministeriums für Frauen, Bildung, Weiterbildung und Sport" des Landes Schleswig-Holstein bekommen Einrichtungen, die sowohl politische als auch allgemeine Bildung anbieten, mit einem Finanzierungsanteil von 10,8 Prozent. Diese finanzieren sich gleichzeitig zu 32,5 Prozent aus Teilnehmergebühren. Die Zuwendungen für Tagungsstätten und Heimvolkshochschulen sind seit Mitte der achtziger Jahre insgesamt geringfügig angestiegen; einzelne Einrichtungen verzeichnen überproportionale Zuwächse. Die Erhöhung der Gesamtsumme der Zuwendung ist insbesondere auf die zusätzliche Förderung der Ostsee-Akademie seit 1988 zurückzuführen, in geringerem Maße auch auf die neu aufgenommene Akademie für gesellschaftspolitische Bildung "Haus am Pfefferberg". Die Landeszuwendungen an die parteinahen Stiftungen sind in den vergangenen Jahren weitgehend gleichgeblieben, 1994 wurde die Förderung allerdings deutlich gesenkt. Das Gesamtvolumen stieg durch die zusätzliche Aufnahme der beiden genannten Bildungswerke. 1995 ist die Förderung jedoch wieder angestiegen.

Die Kriterien der Mittelvergabe sind aber insgesamt wenig transparent und durch ihre Abhängigkeit vom Haushalt nicht primär an den Anforderungen der Weiterbildungsinstitutionen, sondern an der Finanzlage des Landes orientiert.

Mit der Verabschiedung des Bildungsfreistellungs- und Qualifizierungsgesetzes (BFQG) wurden Mittel für dessen Durchführung bereitgestellt, insbesondere für Modellvorhaben integrativer und zielgruppenorientierter Maßnahmen der Bildungsfreistellung. Seit 1990 wurden rund 100 Modellvorhaben des Bildungsurlaubs mit einem durchschnittlichen Zuwendungsbedarf von ca. 11.000 DM gefördert. Diese Modellseminare zielten auf die Entwicklung, Durchführung und Dokumentation integrativer Konzepte und auf Ansätze für benachteiligte Gruppen (vgl. Ministerium für Frauen, Bildung, Weiterbildung und Sport 1992, S. 14).

Landesmittel haben eine vergleichsweise hohe Bedeutung. Mittel der Ministerien werden durchschnittlich zu 11,7 Prozent des Gesamtvolumens in Anspruch genommen. Mittel des Ministeriums für Frauen, Bildung, Weiterbildung und Sport werden vor allem von den Hochschulen mit 28,1 Prozent, den Einrichtungen des zweiten Bildungsweges mit 47,5 Prozent und den Fachschulen - nach deren Angaben - mit 28 Prozent eingesetzt. Die tatsächliche Finanzierung von Fachschulen und Einrichtungen des zweiten Bildungsweges durch das Ministerium für Frauen, Bildung, Weiterbildung und Sport liegt jedoch wesentlich höher, da die Personalkosten dieser Einrichtungen vollständig von diesem Ministerium aufgebracht werden. Die öffentlichen und staatlichen Fachschulen wurden 1993 mit ca. 6.735.900 DM und die privaten mit 3.201.100 DM gefördert.

Mittel des Ministeriums für Arbeit und Soziales, Jugend, Gesundheit und Energie bilden zu 2,6 Prozent die Finanzierungsgrundlage von Weiterbildungsinstitutionen in Schleswig-Holstein. Besonders "abhängig" davon sind kirchliche Institutionen, Privatschulen und "sonstige Einrichtungen". Das Ministerium ist mit ca. 17 Prozent an der Finanzierung der laufenden Arbeit der Familienbildungsstätten beteiligt. Diese werden durch freiwillige Zuwendungen auf der Grundlage des Haushalts gefördert - 1993 mit 2.065.000 DM. Die Förderung der Familienbildungsstätten wurde in den vergangenen zehn Jahren aufgestockt. Zu den laufenden Förderungen und Investitionskosten werden Zuschüsse im Rahmen der Projektförderung gewährt. Mittel anderer Landesministerien haben, so die Ergebnisse der "Weiterbildungsumfrage '94", zu 3,3 Prozent Anteil am Finanzierungsvolumen von Weiterbildungsinstitutionen. Diese erhalten vor allem die Industrie- und Handelskammern.

Die Zuwendungen des Landes Schleswig-Holstein an die Volkshochschulen sind in den vergangenen zehn Jahren gestiegen. Allerdings blieb der Zuwachs deutlich hinter den Leistungssteigerungen zurück, so daß der Landeszuschuß von 3,40 DM pro Unterrichtsstunde im Jahre 1980 auf 2,60 DM im Jahre 1993 sank. Die Förderung hauptamtlicher Stellen für Leiter von Volkshochschulen und für Fachbereichsleiter wurde in den letzten Jahren gezielt angehoben. Kreise und Gemeinden schufen nicht so viele Stellen, wie die Förderungssumme erlaubt hätte. Derzeit werden ca. 35 Stellen mit je 25.000 DM gefördert; früher waren es 22.500 DM für einen VHS-Leiter und 18.000 DM für einen Fachbereichsleiter. Die Anteile des Landes an der Volkshochschulförderung (ca. 1,4 Mio. jährlich), die 1992 etwa 6,9 Prozent des Finanzbedarfs dieser Institution betrugen, liegen unter dem Durchschnitt in den alten Bundesländern, der bei 20,9 Prozent liegt. Die Gemeinden und Kreise in Schleswig-Holstein sind laut Statistik des Volkshochschulverbandes zu 35,7 Prozent an der Finanzierung der Volkshochschulen beteiligt. Damit liegen sie in der Bundesrepublik Deutschland deutlich über dem Durchschnitt, der 24,7 Prozent beträgt. Die öffentliche VHS-Förderung in Schleswig-Holstein liegt, trotz der Anhebung in den vergangenen Jahren, niedriger als in den meisten anderen Bundesländern.

Die öffentliche Finanzierung der Volkshochschulen durch das Land Schleswig-Holstein beruht erstens auf Zuschüssen zu den Unterrichtsstunden (Haushaltsansatz 1993: 1.450.000 DM, etwa 2,60 DM pro Stunde), zweitens auf der institutionellen Förderung des Landesverbandes der Volkshochschulen e.V. (1.135.000 DM), drittens auf der Struktur- und Entwicklungsförderung, insbesondere der Bezuschussung der von den Volkshochschulträgern (Kommunen bzw. Vereine) eingerichteten Personalstellen (Leiter-/Mitarbeiterstellen je 25.000 DM pro Jahr) und schließlich viertens auf einer inhaltlichen Schwerpunktförderung (Alphabetisierung: 200.000 DM, Hauptschulabschlußkurse für Erwachsene: 70.000 DM, Funkkolleg: 40.000 DM) (vgl. Ministerium für Frauen, Bildung, Weiterbildung und Sport des Landes Schleswig-Holstein 1995a, S. 34).

Zusätzlich zu den genannten Quellen gibt es weitere Einzelmaßnahmen. So fördert die Ministerin für Natur und Umwelt die "Akademie für Natur und Umwelt", die als nicht rechtsfähige Anstalt des öffentlichen Rechts eine landeseigene Einrichtung in ihrem Geschäftsbereich ist. Für die Akademie wurden 1993 rund 1.150.000 DM aufgewendet. Sie führt Weiterbildungsmaßnahmen in Kooperation mit Partnereinrichtungen durch. Der Minister für Wirtschaft, Technik und Verkehr hat 1993 mit Investitionszuschüssen von über zehn Mio. DM die Modernisierung verschiedener Einrichtungen der beruflichen Bildung gefördert. Auch aus dem Programm "Arbeit für Schleswig-Holstein" werden maßnahmen- oder personenbezogene Förderungen gewährt. In diesem Zusammenhang wandte das Land von 1989 bis 1993 ca. acht Mio. DM für "Weiterbildungsberatungsstellen" (vgl. Böhrk 1994) auf. Im Jahre 1992 wurden Mittel zur Förderung des beruflichen Wiedereinstiegs von Frauen und für politische Bildung zur Überwindung ausländerfeindlicher Einstellungen bereitgestellt (vgl. Ministerium für Frauen, Bildung, Weiterbildung und Sport 1993, S. 44).

(b) Mittelaufbringung nach dem Arbeitsförderungsgesetz: Die AFG-Förderung ist - nach der "Weiterbildungsumfrage '94" - vor allem für das Berufsfortbildungswerk des DGB und für die Einrichtungen der Industrie- und Handelskammern mit jeweils über 40 Prozent Anteil an der Finanzierung ausschlaggebend. Demgegenüber stützen sich Hochschulen, andere "öffentliche Institutionen", Kirchen, Fachverbände und Einrichtungen des zweiten Bildungsweges nur wenig auf diese Mittel. Institutionen, die ausschließlich "berufliche" Weiterbildung anbieten, finanzieren sich nach eigenen Angaben zu 51,6 Prozent aus Teilnehmergebühren und zu 21,1 Prozent aus Mitteln nach dem Arbeitsförderungsgesetz. Bei diesen Trägern, wie auch bei anderen, die berufliche Weiterbildung anbieten, kann aber der Anteil der AFG-Mittel wesentlich höher sein, da zum Teil in den Teilnehmerbeiträgen auch AFG-Mittel enthalten sind. Deutlich wird dies z.B. bei den Volkshochschulen. Hier besteht eine Differenz zwischen den Ergebnissen unserer Umfrage (zwei Prozent AFG-Mittel) und der Verbandsstatistik (14 %). Dies kann in diesem Zusammenhang erklärt werden durch in den Teilnehmergebühren enthaltene AFG-Mittel bei den Volkshochschulen. Demgegenüber bleiben Institutionen, die "politische" oder "allgemeine" Bildung zusammen mit "beruflicher" Bildung anbieten, mit deutlich unter sieben Prozent AFG-Finanzierungsanteil unter dem Durchschnitt.

Während die Bundesanstalt für Arbeit noch im ersten Halbjahr 1991 eine offensive "Fortbildungs- und Umschulungspolitik" (FuU-Politik) betrieb, wurde auf der Grundlage des Qualitätserlasses vom 21.8.1991, der die Wirtschaftlichkeit von Maßnahmen besonders hervorhebt, die Förderung zurückgefahren. Im Januar 1992 folgten mit den "Weisungen zur Konsolidierung" und im Mai 1993 mit dem Stop der Auftragsmaßnahmen, d.h. der von den Arbeitsämtern initiierten Programme, weitere Ansätze einer Abbaupolitik. Die sogenannte "zweckmäßige" Förderung, d.h. die Förderung sinnvoller, aber nicht unabdingbarer Maßnahmen im Bereich der Fortbildung, wurde ab 1994 vollständig aus dem AFG herausgenommen und durch ein Darlehensprogramm des Bundes ersetzt. Insbesondere im Bereich des Handwerks kam es daraufhin in den ersten vier Monaten 1994 zu einem drastischen Rückgang von Fortbildung, Umschulung und betrieblicher Einarbeitung in Schleswig-Holstein. Für die Weiterbildungsinstitutionen ergibt sich daraus die paradoxe Situation, einerseits über weniger Mittel zu verfügen und andererseits die Angebote verbessern zu sollen. Gleichzeitig ist die AFG-Förderung in den letzten Jahrzehnten immer wieder von Schwankungen aufgrund politischer und ökonomischer Konjunkturen geprägt gewesen. Diese Schwankungen der FuU-Förderung durch die Bundesanstalt für Arbeit lassen sich auch für Schleswig-Holstein belegen. Langfristig stieg hier dennoch die Förderung von über 116 Mio. DM im Jahre 1980 auf über 316 Mio. DM im Jahre 1993 (vgl. Übersicht 37), allerdings ist ab 1994 ein Rückgang zu verzeichnen.

FuU-Maßnahmen genießen innerhalb des Landesarbeitsamtes Nord besondere Aufmerksamkeit. Die Qualifizierungspolitik der Arbeitsverwaltung wird koordiniert mit der Landesregierung durchgeführt. Insbesondere in dem seit 1986 bestehenden Programm "Arbeit für Schleswig-Holstein", das 1986 unter dem Namen "Arbeitsplatzoffensive Schleswig-Holstein" begonnen wurde, zeigt sich diese gemeinsame Aktion. Auch über 1994 hinaus wurde dieses Programm fortgeschrieben. 1994 waren 35,7 Mio. DM in diesem Programm vorgesehen (bis 1997 soll die Fördersumme auf 40 Mio. DM jährlich ansteigen). Das Landesarbeitsamt Nord, das sich vor die Aufgabe gestellt sieht, mit weniger Mitteln eine offensive Qualifizierungspolitik zu betreiben, versucht, durch möglichst kostengünstigere Lehrgänge die Zahl der Teilnehmer zu halten. Dabei geht das Landesarbeitsamt davon aus, daß FuU-Möglichkeiten gleichmäßig in allen Landesteilen gesichert werden sollen.

(c) Förderung durch die Europäische Union: Einbrüche in anderen Finanzquellen versuchen die Weiterbildungsinstitutionen durch verstärkte Akquisition von EU-Mitteln zu kompensieren. Durch die Aktionsprogramme der Europäischen Union und den Europäischen Sozialfonds (ESF) wird auch Weiterbildung gefördert. Seit den Verträgen von Maastricht dient die Förderung der beruflichen Weiterbildung allerdings nicht mehr ausschließlich dem Erreichen wirtschafts- und arbeitsmarktpolitischer Ziele. In Artikel 126 und 127 der Verträge wurde Weiterbildung zu einem eigenständigen Politikfeld der Europäischen Union. Damit wächst auch die Bedeutung der Weiterbildungsförderung der EU für Schleswig-Holstein. In 1992/93 wurden Mittel aus dem europäischen Sozialfonds für arbeitsmarktorientierte Weiterbildungsmaßnahmen, aus den Gemeinschaftsinitiativen NOW (Neue Chancen für Frauen) und HORIZON (Chancen für Bildungsbenachteiligte) sowie aus dem Programm LINGUA (Förderung des Fremdsprachenunterrichts) in Schleswig-Holstein genutzt. Für das operationelle Programm des Europäischen Sozialfonds (ESF) für den Zeitraum 1994 bis 1999 wurden u.a. Weiterbildungsvorhaben für Arbeitslose und von Arbeitslosigkeit bedrohte Personen angemeldet. Im Rahmen der ESF-Förderung können Ausbildungs-, Qualifizierungs- und Beschäftigungsprojekte mehrjährig gefördert werden. Neben

den zielgruppenorientierten Langzeitarbeitslosen-Programmen und Kursen für Jugendliche ("Ziel-3-Programme") können auch das strukturelle Umfeld in Unternehmen ("Ziel-4-Programme") sowie flankierende strukturpolitische Aktivitäten ("Ziel-2-Programme") gefördert werden. Diese Bewilligungen erfolgen in mehrjährigen Planungszeiträumen. Sie unterscheiden sich damit von den Förderinstrumentarien der deutschen Arbeitsmarktpolitik, die eher am Prinzip der "Einzelfallförderung" ausgerichtet sind. Die Durchführung der Programme und Projekte des ESF sind an die Bereitstellung nationaler Komplementärmittel gebunden. In der Bundesrepublik Deutschland fördert der ESF mehrjährige Programme in der Regel mit 45 Prozent des Gesamtvolumens. In der Vergangenheit wurden die nationalen Komplementärmittel (55 %) z.B. über ABM, FuU, BSHG § 19 und Landesmittel aufgebracht. Über den ESF flossen 1993 ca. 12 Mio. DM nach Schleswig-Holstein. Schwerpunkt war dabei die berufliche Eingliederung von Langzeitarbeitslosen, Jugendlichen, Frauen etc. Darüber hinaus wurden Gelder aus dem Regional- oder Landwirtschaftsfonds auch für die Weiterbildung aufgebracht. Für Teile Schleswig-Holsteins, die zu den Gebieten mit tiefgreifendem Strukturwandel zählen, werden in den Jahren 1994 bis 1996 ca. 2,5 Mio. DM jährlich aus dem Regionalfonds der EU für Beschäftigung, Qualifizierung und berufliche Bildungsmaßnahmen bereitgestellt.

Überblickt man den Finanzmix der Weiterbildungsförderung für Schleswig-Holstein, so ist eine erhebliche Intransparenz nicht zu leugnen. Besonders für die Aktivitäten der Ministerien gibt es keine systematisch nachvollziehbare Strategie mit entsprechenden Förderkriterien. Vielfach resultieren Mittelflüsse aus spezifischen politischen Initiativen und nicht aus abgestimmten Programmen. Die EU-Förderung könnte aber dazu zwingen, eine stärkere Abstimmung innerhalb der Landesregierung durchzusetzen. Dies könnte auch für die Weiterbildungsförderung insgesamt heilsam sein. Wenn Weiterbildung wichtiger genommen werden soll, darf ihre finanzielle Basis nicht länger von Zufällen abhängen. Nach wie vor wäre die Festlegung von Fördergrundsätzen im Weiterbildungsgesetz hilfreich. Es käme darauf an, den Institutionen der Weiterbildung Planungssicherheit zu gewährleisten. Zentrales Instrument müßte die anteilige Förderung der Kosten für hauptberufliches Personal sein. Dadurch könnte die Weiterbildung aus der noch immer fatalen Instabilität herausgeführt werden.

Übersicht 37
Ausgaben der Bundesanstalt für Arbeit für berufliche Weiterbildung in Schleswig-Holstein (1980-1994)

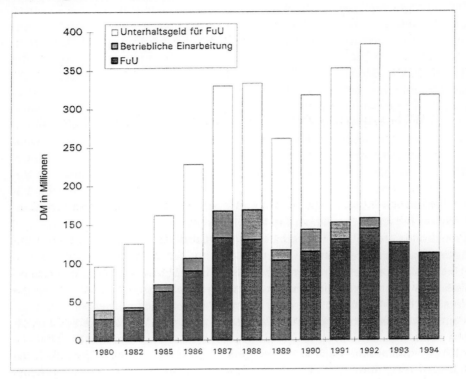

Quelle: Landesarbeitsamt Nord, Referat Statistik

6

Verwaltungsprozesse und Ressortzuständigkeiten

Die wesentlichen Kompetenzen hinsichtlich der Weiterbildung verteilen sich in Schleswig-Holstein auf folgende Landesministerien:

(a) *Ministerium für Wissenschaft, Forschung und Kultur:* Dieses Ministerium ist zuständig für vier Tagungsstätten (auch Heimvolkshochschulen) und die wissenschaftliche Weiterbildung, die 1990 in Schleswig-Holstein gesetzlich verankert wurde, als durch die Änderung des Hochschulgesetzes den Hochschulen Aufgaben im Bereich der Weiterbildung übertragen wurden.

(b) *Ministerium für Frauen, Bildung, Weiterbildung und Sport:* Das Ministerium ist zuständig für öffentliche, staatliche Fachschulen und finanziert öffentliche und private Fachschulen, die Landeszentrale für politische Bildung, die "Maßnahmengruppe Weiterbildung", die Volkshochschulen sowie Weiterbildungsberatung. Darüber hinaus werden ca. 18 andere Weiterbildungseinrichtungen durch das Ministerium gefördert. Der Bereich Weiterbildung ist auf drei Referate verteilt. Das erste ist zuständig für Grundsatzfragen, die Weiterbildungsplanung und die Volkshochschulen. Das zweite ist zuständig für die Anerkennung von Weiterbildungsträgern und Veranstaltungen nach dem "Bildungsurlaubs- und Freistellungsgesetz" sowie für Europaangelegenheiten. Schließlich liegt in der Verantwortung des dritten Referats die Förderung von Modellvorhaben, die Projektförderung (z.B. für Wiedereinsteigerinnen in den Beruf), die institutionelle Förderung sowie die Förderung von Information und Beratung in der Weiterbildung.

(c) *Ministerium für Arbeit und Soziales, Jugend, Gesundheit und Energie:* In den Verantwortungsbereich des Sozialministeriums fallen die Familienbildung und das Programm "Arbeit für Schleswig-Holstein". Dieses Programm umfaßt im Bereich der Weiterbildung vor allem die Beratungsstellen für Frauen sowie einzelne Fortbildungsmaßnahmen, die sich auf innovative Projekte, die ergänzend zu AFG-geförderten Maßnahmen gefördert werden, beziehen.

(d) *Ministerium für Wirtschaft, Technik und Verkehr:* Das Wirtschaftsministerium ist für berufliche Weiterbildung mit Ausnahme der arbeitsmarktpolitischen

Maßnahmen zuständig. Darüber hinaus verfügt es über Projektmittel und investive Mittel zur Förderung von überbetrieblichen Aus- und Weiterbildungsstätten - teilweise aus Bundeszuschüssen. Gefördert werden Investitionen z.B. in ein Hotel- und Gaststättenbildungszentrum in Husum, eine Technikerfachschule in Kiel sowie ein Gebäude der Wirtschaftsakademie, die Evaluation eines Weiterbildungsverbundes und anderes mehr.

(e) *Ministerium für Natur, Umwelt und Landesentwicklung:* Diesem Ministerium ist die Akademie für Natur und Umwelt, die 1990 auf Beschluß der Landesregierung errichtet wurde, zugeordnet. Außerdem werden aus dem Ansatz für Vereine und Verbände im Umweltbereich auch Bildungsmaßnahmen finanziert.

(f) *Ministerium für Ernährung, Landwirtschaft, Forsten und Fischerei:* Dieses Ministerium ist für die Landwirtschaftsschulen zuständig, wovon jedoch einige geschlossen werden sollen, da die Schülerzahlen in den vergangenen Jahren erheblich zurückgegangen sind. Die Landwirtschaftsschulen umfassen die berufliche Erstausbildung, Fachschulen und eine landwirtschaftliche Beratung, d.h., Lehrkräfte werden vor allem im Sommer als Berater in den Betrieben tätig.

Die Zuständigkeiten für Weiterbildung innerhalb der Landesregierung von Schleswig-Holstein sind also auf verschiedene Ministerien verteilt und überschneiden sich zum Teil. Am kompliziertesten sind die Verantwortlichkeiten für die Weiterbildung im öffentlichen Dienst, weil hier auch noch weitere - nicht aufgeführte - Fachministerien inhaltliche und finanzielle Kompetenzen haben. Die Zuständigkeit verschiedener Ministerien drückt sich insbesondere im Bereich "berufliche" Weiterbildung in unterschiedlichen Ansprechpartnern, differierender öffentlicher Förderung und juristischer Absicherung aus. Dies gilt ebenso, wenn auch weniger extrem, für "politische" und "allgemeine" Weiterbildung.

Mit der Förderung durch das Arbeitsförderungsgesetz und den wachsenden Aktivitäten der Europäischen Union verschieben sich, zusammen mit den Finanzquellen, die Entscheidungsebenen in Bereiche außerhalb des Landes Schleswig-Holstein.

Zur Erarbeitung der Grundlagen für das BFQG wurde Ende der achtziger Jahre eine interministerielle Arbeitsgruppe gebildet, der alle Ressorts angehören, in deren Verantwortung relevante Bereiche der Weiterbildung fallen. Zur Vermeidung und Überwindung der aus den zergliederten Zuständigkeiten resultierenden Nachteile wurden die Aufgaben der interministeriellen Arbeitsgruppe Weiterbildung erweitert. Ziel ist es, zukünftig eine bessere Abstimmung der Ressorts bei der Vergabe von Haushaltsmitteln sowie in grundsätzlichen Angelegenheiten zu erreichen. Damit ist ein verfahrenstechnischer Weg zu einem höheren Maß an Koordination und Abstimmung beschritten. Überlegenswert bleibt, inwieweit die Zuständigkeit eines einzelnen Ministeriums gestärkt werden müßte. Eine stärkere Konzentration der Weiterbildungsinitiativen auf ein Ressort könnte dann gezielte Programme eher umsetzen.

7

Support-Strukturen

7.1 Zur Diskussion über unterstützende Strukturen

Unter Experten, Politikern und Repräsentanten der Institutionen der Erwachsenenbildung mehren sich Einschätzungen, daß dem Bedeutungsgewinn von Weiterbildung in einer vielfältigen Institutionen- und Programmlandschaft am besten Rechnung getragen wird, wenn Bemühungen sich verstärkt auf den Ausbau und die Stabilisierung unterstützender Aufgaben richten. Tatsächlich ging die Verstärkung von Support-Strukturen bisher jedoch nur in wenigen Bereichen - etwa dem Aufbau von Informationssystemen - voran. In vielen anderen Aspekten - der Beratung, der Materialentwicklung, der Qualitätsförderung usw. - besteht eine Diskrepanz zwischen den grundsätzlichen Aussagen zur Bedeutung und der tatsächlichen Förderung von unterstützenden Aufgaben. Unterstützende Strukturen in der Weiterbildung sind seit mehreren Jahren Gegenstand kontroverser Diskussionen. Vor allem folgende Aspekte werden häufig angesprochen:
- Erforderlichkeit und Überflüssigkeit unterstützender Leistungen;
- funktionelle Trennung oder Verzahnung unterstützender Leistungen;
- institutionelle Sonderung oder institutionelle Einbettung der unterstützenden Funktionen;
- staatliche oder anderweitige Finanzierung der unterstützenden Funktionen.

Wir haben - bezogen auf das Spannungsverhältnis von Weiterbildung und öffentlicher Verantwortung - mit dem Vorschlag, unterstützende Vorleistungen unter dem Begriff "Support-Strukturen" zusammenzufassen (Faulstich u.a. 1991), eine neue Dimension in die weiterbildungspolitische Diskussion eingebracht. Dabei ist der Grundgedanke, daß soziale Partialsysteme im Strukturalisierungsprozeß aufgrund von Bedeutungszuwachs höhere Ebenen von Selbstbezüglichkeit herausbilden. Über die unmittelbare Tätigkeit - Veranstaltungen der Erwachsenenbildung -

schieben sich zunächst Management und Verwaltung der Institutionen und darüber hinaus die Systemregulation und Koordination im politischen System. Zusätzlich und neu ist, daß verstärkt quasi vorgelagerte, unterstützende Bereiche - Support-Strukturen - in den letzten Jahren entstanden sind, deren Funktionalität für einen sinnvollen Mitteleinsatz in der Weiterbildung bei Experten breit akzeptiert wird. Dazu können Aufgaben der Information, Beratung, Forschung, Entwicklung, Qualitätskontrolle, Betreuung von Infrastruktureinrichtungen u.ä. gehören.

Aufgaben dieser Art werden auch in anderen gesellschaftlichen Teilbereichen, so lange sie wenig zeitaufwendig und komplex sind, gewöhnlich von den Personen mit erledigt, die unmittelbar für die Leistungserstellung tätig sind oder die Aufgaben der Leitung, Koordination oder Verwaltung haben. Ab einem gewissen Grad der Häufigkeit und der Komplexität unterstützender Aufgaben setzen jedoch Arbeitsteilung und möglicherweise institutionelle Differenzierung ein: Bei einzelnen Institutionen oder Trägern der Weiterbildung werden Personen primär z.B. für Informationen und Beratung zuständig. Schließlich entstehen gesonderte Institutionalisierungen mit hauptsächlich unterstützenden Aufgaben, wie z.B. Datenbanken. Solche Aufgabenbereiche für die Weiterbildung sind in vielen Fällen auch heute noch nicht beruflich differenziert und gesondert institutionalisiert. Manche dieser Funktionen sind rudimentär geblieben oder auch von den Lehrenden, von den Leitern und Verwaltern von Weiterbildungsinstitutionen oder von staatlichen und anderen Koordinierungsinstanzen übernommen worden. Auch sind zumeist mehrere unterstützende Funktionen in einer Institution verbunden. Im Bereich der Weiterbildung erreichten sie in der Bundesrepublik Deutschland erst vor wenigen Jahren eine Größenordnung, eine Komplexität und ein Maß gesellschaftspolitischer Akzeptanz, daß berufliche Ausdifferenzierung und institutionelle Strukturierung in einem bemerkenswerten Umfange eintraten.

Vor allem folgende Support-Funktionen werden in der Weiterbildung als sinnvoll angesehen:

(a) Information über Weiterbildungsangebote (z.B. Erstellung von Broschüren, Verwaltung von Datenbanken, Auskunft über Veranstaltungen u.a.);

(b) Beratung der Adressaten und Teilnehmer;

(c) Entwicklung (z.B. Curriculum-, Lehrmaterialentwicklung, Durchführung von Modellversuchen);

(d) Qualitätssicherung und Evaluationsansätze der Weiterbildungsangebote;

(e) Personalqualifizierung; Mitarbeiterfortbildung;

(f) Statistik, empirische Analyse, Forschung;

(g) Unterstützung der Leitung, Verwaltung, Planung und Koordination der Weiterbildungsträger und -institutionen und der koordinierenden Instanzen (z.B. Transfer von Erfahrungen, Vorbereitung der Planung, Moderation, Unterstützung bei der Mittelakquisition, gemeinsame Buchung);

(h) Management von Infrastrukturen der Weiterbildung (z.B. Management trägerübergreifender Gebäude, Medienzentren, Materialien, gemeinsame Kinderbetreuungsangebote).

Im Prinzip hat die Überzeugung zugenommen, daß unterstützende Aufgaben an Bedeutung gewinnen oder stärker institutionalisiert und ausgebaut werden sollten. Insbesondere im Hinblick auf eine Verbesserung der Information, Beratung und Qualitätssicherung werden deutliche Verbesserungen gefordert. Aber auch im Hinblick auf andere Bereiche - z.B. Forschung oder Weiterqualifizierungsangebote für Lehrende - wurde ein recht weitgehender gesellschaftspolitischer Konsens sichtbar. Auch wird generell von Weiterbildungsexperten gesehen, daß in diesen Bereichen eine besondere Aufgabe der Koordination in öffentlicher Verantwortung besteht und deshalb in besonderem Maße öffentliche Förderung wünschenswert ist. Gerade wenn Weiterbildung sich zu einer Aufgabe von zentraler Bedeutung entwickelt und eine Flexibilität durch Vielfalt der Institutionen und Angebote erhalten werden soll, könnte ein Ausbau der unterstützenden Leistungen hohe Priorität haben, um ein angemessenes Maß an Transparenz, Zugänglichkeit und Qualität des Weiterbildungsangebots zu gewährleisten. Allerdings sind zwei Einschränkungen zu nennen: Die Sorge um die Staatsfinanzen ist so gewachsen, daß Aussagen über die Notwendigkeit, Verschiebungen zugunsten eines Ausbaus der Weiterbildung vorzunehmen, zumeist leere Deklamationen bleiben. Auch bleibt umstritten, inwieweit der Ausbau unterstützender Strukturen institutions- und trägerübergreifend erfolgen soll; von übergreifenden Lösungen wird zum Teil befürchtet, daß sie ein zu hohes Maß an Abstimmung und Einheitlichkeit der Grundzüge der Weiterbildung bewirkten.

Von den verschiedenen Aufgabenbereichen der Support-Strukturen werden einige vorrangig diskutiert. Hoher Konsens besteht hinsichtlich Information und Beratung, der Notwendigkeit einer Qualifizierung des Weiterbildungspersonals, der Verbesserung der Statistik und - im Zusammenhang mit einer Neuprofilierung des Aktivitätsspektrums - einer Institutionenberatung der Träger und Einrichtungen.

7.2 Information und Beratung

Der Infratest-Umfrage zum Berichtssystem Weiterbildung ist zu entnehmen, daß nur 58 Prozent der Bundesbürger in den alten und 35 Prozent in den neuen Bundesländern angeben, einen guten Überblick über Weiterbildung zu haben und 66 Prozent der Bürger in den neuen Bundesländern und 42 Prozent in den alten Bundesländern mehr Information und Beratung zu Weiterbildungsfragen wünschen (vgl. Kuwan u.a. 1993, S. 112). Auch für Schleswig-Holstein ist dies exemplarisch belegt: In der Gemeinde Süsel erklärten z.B. über 40 Prozent der befragten Einwohner, daß ein "übersichtliches Gesamtverzeichnis" ihre Teilnahme an Weiterbildung befördern würde (vgl. Jagenlauf 1993, S. 2). Es ist also nicht erstaun-

lich, welch hoher Konsens bezüglich eines weiteren Ausbaus von Informations-
und Beratungseinrichtungen in der Weiterbildung besteht. Auch in Schleswig-
Holstein sind entsprechende Initiativen zu verzeichnen.

Größere Bedeutung gewinnen zunehmend Informationssysteme, d.h. vor allem
Weiterbildungsdatenbanken; mit ihnen soll eine höhere Transparenz des beste-
henden Angebots erreicht werden. Mittlerweile gibt es in der Bundesrepublik
Deutschland weit über 30 solcher Systeme. Diese Weiterbildungsdatenbanken
sind von Umfang, Konzeption und Zugriff her unterschiedlich. Dominant sind
Informationssysteme, die sich ausschließlich auf die berufliche Bildung beziehen.
Die bedeutendsten bundesweiten Informationssysteme dürften heute die WIS-
Datenbanken des Deutschen Industrie- und Handelstages und der Organisationen
des Handwerks mit - nach eigenen Angaben - 10.000 aktuellen Seminaren und
Lehrgängen sowie weiterer 40.000 Veranstaltungen im Jahr 1991 bundesweit
sowie die KURS-Datenbank der Bundesanstalt für Arbeit mit im August 1993 ca.
188.600 Angeboten der beruflichen Aus- und Weiterbildung sein. Darüber hinaus
haben in einigen Regionen regionale Weiterbildungsdatenbanken eine erhebliche
Bedeutung (z.B. WISY in Hamburg) (vgl. Döring/Wanzek 1994, S. 233f.; Döring
1994b, S. 110ff.).

In Schleswig-Holstein werden sowohl WIS als auch KURS genutzt. Schon seit
1988 gab es Bemühungen, eine eigene Landes-Weiterbildungsdatenbank aufzubauen. Es existierte bereits ein abgestimmtes Konzept zwischen Kultusministerium, Wirtschaftsministerium und Frauenministerium, um eine Weiterbildungsdatenbank zu erstellen, in der Angebote der "allgemeinen", "politischen" und "beruflichen" Bildung gespeichert werden sollten. Diese Datenbank sollte mit unterstützender Beratung und Selbstauskunftssystemen realisiert werden. Obwohl alle
Ministerien bereit waren, ein solches Projekt zu fördern, wurde es 1993 aus Ko-
stengründen verworfen. Nunmehr gibt es Überlegungen, mit der Bundesanstalt für
Arbeit zu kooperieren, um "KURS" in Schleswig-Holstein breiter zugänglich zu
machen. In einer Pilotphase wird die Umsetzung der "KURS-PC-Lösung" zur Zeit
beim Landesverband der Volkshochschulen, der VHS Norderstedt und der Wirtschaftsakademie erprobt.

Da aber auch in Schleswig-Holstein die Verzahnung von Information und Beratung in der Weiterbildung bisher ungenügend ist, können die neuen Weiterbil-
dungsinformationssysteme paradoxerweise eine neue Intransparenz in der Weiterbildung zur Folge haben. Die Angebote in diesen Datenbanken existieren oft
nur virtuell; häufig handelt es sich um reine Werbemaßnahmen bzw. um den Ver-
such, potentielle Teilnehmer anzusprechen, ohne daß gesichert ist, daß das Angebot auch realisiert wird. Problematisch wird dies dadurch, daß eine ergänzende
Beratung nur selten stattfindet. Eine intensive und zielgerichtete Beratung ist aber
notwendig, damit Weiterbildung tatsächlich zum Erfolg führt. Dies gilt z.B., wenn
Betriebe für ihre Arbeitnehmer den richtigen Kurs auswählen wollen bzw. für
ganze Betriebe systematische Weiterbildungskonzepte erstellt werden müssen.
Die Betreiber von Weiterbildungsdatenbanken können nicht auf einen Face-to-

face-Kontakt zu ihren Klienten verzichten, da es sich bei Weiterbildung um ein erklärungsintensives "Produkt" handelt. Eine Verbindung von Datenbanken mit konkreter Beratungstätigkeit wird deshalb generell für notwendig erachtet (vgl. Tippelt 1994, S. 52).

Weiterbildungsberatung kann mit dazu beitragen, Schwellenängste gegenüber Weiterbildung zu verringern. Auch könnte eine übergreifende Weiterbildungsberatung die Entwicklung in den Regionen beobachten und damit zur Weiterbildungsentwicklungsplanung beitragen. Weiterbildungsberatung kann auch dazu führen, daß die Angebote besser auf die bestehenden Bedarfe abgestellt werden können. In Schleswig-Holstein gab es 1994 elf Beratungsstellen. Zwei Weiterbildungsberatungsstellen (bei der Deutschen Angestellten Akademie in Pinneberg und bei der Gesellschaft für Arbeitsmarkt- und Strukturpolitik in Kiel) wurden bis Mitte 1994 als Modellvorhaben vom Kultusministerium (MFBWS) und neun "Beratungsstellen für Berufsrückkehrerinnen" werden aus dem Programm "Arbeit für Schleswig-Holstein" bis 1995 gefördert. Die Beratungsstellen für Frauen betreuten teilweise mehrere Standorte oder führten mobile Beratungsdienstleistungen durch. Dadurch sollte ein flächendeckendes Netz von Beratungsstellen für Berufsrückkehrerinnen geschaffen werden. Von 1989 bis 1993 sind acht Mio. DM aus Landesmitteln in diese Beratungsprojekte geflossen. Darüber hinaus wurden weitere Drittmittel eingeworben. Diese Beratungsstellen haben eine deutliche Arbeitsmarktorientierung.

Die "Etablierung" der zwei Weiterbildungsberatungsstellen in Kiel und Pinneberg ist im Zusammenhang mit der Verabschiedung des BFQG entstanden; sie sollten zunächst insbesondere Werbung für die Bildungsfreistellung machen. Die dafür nötige Beratung war institutionenübergreifend angelegt. Die Beratungsstelle in Kiel bezog sich auf den gesamten Wirtschaftsraum Kiel. Hier findet nach dem Auslaufen der Modellförderung ein Übergang zu dem Projekt "Weiterbildungsmakler", das vom Wirtschaftsministerium finanziert wird, statt. Während zunächst potentielle Teilnehmer die Zielgruppe waren, sind nunmehr verstärkt Betriebe ins Blickfeld gerückt.

Das Konzept "Weiterbildungsmakler" wurde entwickelt, da besonders für Unternehmen bei der Auswahl von Weiterbildungsveranstaltungen persönliche Kontakte eine große Bedeutung haben. Die Weiterbildungsmakler wurden beim Rationalisierungskuratorium der Deutschen Wirtschaft und der Gesellschaft für Arbeitsmarkt- und Strukturpolitik angesiedelt. Die "Weiterbildungsmakler" sollen sowohl Elemente einer Weiterbildungsberatung aufnehmen, als auch in der Akquisition tätig sein. Dem liegt der Gedanke zugrunde, daß Weiterbildungsträger ohnehin stärker als bisher Marketing betreiben müssen. Diese Aufgabe sollen sie teilweise an die Makler delegieren, diese sollen betriebliche Bedarfe erheben, an Weiterbildungsträger weitergeben und so Angebot und Nachfrage zusammenführen. Dabei beschränkt sich das Modellprojekt auf das Gebiet der "Anpassungsfortbildung". Es wird vom Wirtschaftsministerium in einem degressiven Förderverfahren über drei bzw. vier Jahre finanziert. Dadurch soll eine dauerhafte Institutionalisierung angeregt werden. Allerdings dürften zwei "Maklerstellen" den landesweiten Anforderungen kaum genügen.

Skepsis besteht hinsichtlich der Finanzierungsmodalitäten. Es ist zweifelhaft, ob die angestrebte Finanzierung über Gebühren von Weiterbildungsträgern und von Klein- und Mittelbetrieben tatsächlich auf Dauer realisiert werden kann. Auch wird kritisiert, daß mit diesem Konzept nur die "lukrative Seite" von Weiterbildungsberatung, nämlich die Beratung von Klein- und Mittelbetrieben, abgeschöpft würde. Dieser Bereich ist nach Ansicht einiger Experten der einzige, der, wenn überhaupt, durch Bezahlung abgedeckt werden kann. Dadurch würde die politische und allgemeine Bildung an den Rand gedrängt und als luxuriöser Rest betrachtet.

Es ist offen, wie diese Beratungsinfrastruktur erhalten und weiter optimiert werden kann. Anzumerken ist, daß eine Projektförderung die Kontinuität dieser Einrichtungen nicht sichert. Außerdem ist es gerade für Beratungsaktivitäten notwendig, diese mit deutlichem und klarem Profil öffentlich darzustellen. Dazu muß Weiterbildungsberatung dauerhaft institutionalisiert und das Personal entsprechend ausgebildet werden. So kann sich die bisher eher geringe Nutzung von Informations- und Beratungseinrichtungen, wie sie in bundesweiten Untersuchungen festgestellt wird, verändern. Es ist notwendig, daß mehr Weiterbildungsinteressierte diese Support-Strukturen nutzen, denn Weiterbildungserfolg und -qualität hängen maßgeblich von guter Information und Beratung ab (vgl. Gnahs/Seusing 1994, S. 223; Weymann 1994, S. 249ff.)

7.3 Qualifizierung des Weiterbildungspersonals

Professionalität in der Weiterbildung setzt eine verbesserte und permanente Qualifizierung des Personals voraus. Dies betrifft die fachliche Weiterbildung im jeweiligen Aufgabengebiet, die Vermittlung und Erweiterung sozialer und andragogischer Kompetenzen, sowie die Reflexion des eigenen Handelns. Eine intensive Personalqualifizierung wird daher als notwendig erachtet.

Die Volkshochschulen in Schleswig-Holstein bieten ein Fortbildungsprogramm für Weiterbildungsdozenten an, das auch anderen Institutionen offensteht. Es wird jedoch bisher von diesen kaum angenommen. In Zukunft könnte es eine verstärkte Kooperation mit der "Lehrerbildung" geben.

Auch die "Beratungsgesellschaft für Beschäftigungsinitiativen in Schleswig-Holstein" bietet Veranstaltungen zur Personalqualifizierung für Verantwortliche und Mitarbeiter in Qualifizierungs- und Beschäftigungsprojekten an, an denen 1992 ca. 500 Teilnehmer teilnahmen. Themen waren Arbeitsmarkt- und EG-Politik, das BSHG, das AFG, die fachliche Weiterbildung und Managementprobleme, EDV, Moderation und Präsentation. An diesem Weiterbildungsprogramm nahmen in der Vergangenheit in erster Linie Mitarbeitende aus arbeitsmarktbezogenen Projekten teil, die der Beschäftigungsförderung dienen, zunehmend auch Mitarbeiter von Weiterbildungsinstitutionen. Es besteht ein enger Kontakt zu dem Landesverband der Volkshochschulen.

Ein ausgebautes Programm der Personalqualifizierung im Rahmen von trägerunabhängigen "Support-Strukturen" könnte allen Weiterbildungsinstitutionen zugute kommen. Besonders für kleine Institutionen ist dies eine Möglichkeit, ihr eigenes Personal über punktuelle Aktivitäten hinaus kontinuierlich zu qualifizieren, ohne in Abhängigkeit von großen Konkurrenten zu geraten. Die "Unabhängigkeit" der Institutionen der Personalqualifizierung ist gerade angesichts der Rekrutierungsprobleme von Weiterbildungsinstitutionen in Schleswig-Holstein nötig, um möglichen "Abwerbestrategien" für qualifiziertes Personal keinen Raum zu geben. In diesem Kontext wäre es sicherlich sinnvoll, ein regionalisiertes Programm der "Weiterbildung der Weiterbilder" auch in Zusammenarbeit mit den Hochschulen zu erproben.

7.4 Statistik

Quantitative Informationen über Weiterbildung sind wichtig für Weiterbildungsinstitutionen, um Angebote zu planen und zu realisieren, für Förderer, die über den Umfang der finanziellen Förderung entscheiden, und für Experten, die über die Entwicklung der Weiterbildung beraten, um rationale Entscheidungen zu treffen. Der Informationsstand über Weiterbildung beruht grundsätzlich auf fünf Arten von Datenquellen:

– Erstens Institutionenstatistiken, für die einige Organisationen ihre Kursangebote, Teilnehmerzahlen, Prüfungen u.ä. erheben (z.B. Volkshochschulen und Kammern);

– zweitens werden von öffentlichen Institutionen amtliche Statistiken erstellt. Hierzu gehören die Statistiken der Arbeitsämter zur Fortbildung und Umschulung und Länderstatistiken über die geförderte Weiterbildung bzw. die geförderten Einrichtungen oder etwa die Nutzung von Bildungsurlauben;

– drittens werden eine Reihe von personenbezogenen Erhebungen durchgeführt. Neben der Zusatzbefragung zum Mikrozensus und mehreren Einzeluntersuchungen, wie den quantitativen Repräsentativerhebungen von BIBB-IAB, ist vor allem das "Berichtssystem Weiterbildung" zu nennen (vgl. z.B. Kuwan u.a. 1993), für das periodisch - alle drei Jahre - eine repräsentative Befragung von Erwachsenen im Alter von 19 bis 64 Jahren in der Bundesrepublik Deutschland über ihre Weiterbildungsaktivitäten stattfindet;

– viertens sind diverse Auswertungen von landesweiten Umfragen zu nennen, wie sie etwa unter anderem durch unsere Aktivitäten für Hessen, Schleswig-Holstein und Bremen vorliegen;

– schließlich bekommen fünftens zunehmend Daten, die in Weiterbildungsdatenbanken gespeichert sind, für die statistische Erfassung des Weiterbildungssystems Bedeutung (vgl. auch Sauter 1990, S. 263ff.).

Nach wie vor ist aber die statistische Erfassung des Weiterbildungsbereiches defizitär. Die Statistiken sind nur bedingt vergleichbar, weisen zum Teil erhebliche Überschneidungen auf, sind nur in wenigen Fällen nach Regionen differenzierbar und decken schließlich manche Weiterbildungsbereiche überhaupt nicht oder nur unvollständig ab. So sind z.B. die betrieblichen Weiterbildungsaktivitäten bisher noch nie vollständig erfaßt worden. Zusätzlich erschwert die Diskontinuität der meisten Erhebungen die Zeitreihenbildung. Auch unsere "Weiterbildungsumfrage '94" für Schleswig-Holstein kann eher als erster Schritt in Richtung einer kontinuierlichen quantitativen Erfassung begriffen werden: Bei der ersten Durchführung einer solchen Erhebung schleichen sich zwangsläufig Probleme bei der Abgrenzung des Gegenstandsbereiches, der Einschätzung der Antwortbereitschaft, der Vergleichbarkeit der Angaben u. ä. ein. Eine so angelegte Analyse wird erst aussagekräftiger, wenn sie wiederholt wird und damit auch Aussagen über Entwicklungen und Tendenzen begründet werden können. Aber selbst das von der Kultusministerkonferenz Ende der siebziger Jahre beschlossene Minimalprogramm zur statistischen Erfassung konnte bundesweit immer noch nicht durchgesetzt werden. Personenbezogen können Weiterbildungsaktivitäten aufgrund des "Berichtssystems Weiterbildung" für das Bundesgebiet nachgezeichnet werden. Hier dürften in Zukunft eine regionale Aufgliederung der Erhebung und Auswertung anstehen. Demgegenüber ist die Erfassung der Angebotsstrukturen zurückgeblieben. In Schleswig-Holstein gibt es keine aggregierten Daten über das Angebot außer in den Statistiken der Volkshochschulen und zur Bildungsfreistellung.

Ein Mittel, um Angebotsstrukturen zu erfassen, kann die Auswertung von Weiterbildungsdatenbanken sein. Da die meisten Datenbanken die Kursangebote jedoch nicht vollständig erfassen, angebotene Veranstaltungen zum Teil nicht durchgeführt werden, Teilnehmerzahlen nicht enthalten sind und der große Bereich der betrieblichen Weiterbildung ausgeklammert ist, können keine Angaben über das realisierte Weiterbildungsangebot und die realisierten Nachfragen gemacht werden. Trotz dieser Einschränkungen würde es durch die umfassende Erfassung der "allgemeinen", "politischen" und "beruflichen" Weiterbildung durch die Weiterbildungsdatenbank "KURS" immerhin möglich sein, zumindest Angaben über das geplante Angebot zu erhalten. Es erscheint lohnenswert, verstärkt über die Möglichkeiten einer verbesserten Weiterbildungsstatistik mit Hilfe von Weiterbildungsdatenbanken nachzudenken und diese auszuloten. Nötig wäre eine systematische Erhebung und Auswertung von statistischen Daten zu den Weiterbildungsinstitutionen, zum Personal, zur Finanzierung und Förderung sowie zu den Angeboten.

Da die unzureichende statistische Erfassung der Weiterbildung die Entscheidungsgrundlage aller Beteiligten einschränkt und die Bemühungen, eine bundesweite Weiterbildungsstatistik durchzusetzen, bisher immer wieder gescheitert sind, könnte man sich als erste Schritte zur Verbesserung dieser Lage in Schleswig-Holstein folgendes vorstellen:

(a) Aufgliederung des "Berichtssystems Weiterbildung" nach Regionen für Schleswig-Holstein;

(b) jährliche landes- und regionenbezogene Auswertung der Daten des Informationssystems "KURS" der Bundesanstalt für Arbeit;

(c) in Fortsetzung der "Weiterbildungsumfrage '94" zweijährige Angebots- und Institutionenerhebungen, die folgende Merkmale umfassen: Trägereinordnung; Anzahl der Standorte, Räume, Angestellten, Kurse, Einzelveranstaltungen, Jahresunterrichtsstundenzahl, Teilnehmer; Kooperationspartner; Finanzierungsquellen; Angebotsthemen; Veranstaltungsformen; Zielgruppen; Werbestrategien; Zertifizierungen; Methoden der Bedarfsermittlung; Problembereiche;

(d) zweijährige zusammenfassende Interpretation und Auswertung dieser Arbeitsschritte in Form eines Weiterbildungsberichts des Landes.

7.5 Beratung von Weiterbildungsinstitutionen

Es gibt in der Bundesrepublik nicht viele externe Serviceeinrichtungen, welche gezielt die Arbeit von Weiterbildungsinstitutionen unterstützen. Erst durch die Entwicklung des Weiterbildungssystems in den neuen Bundesländern gab es neue Anstöße. Solche Serviceinstitutionen werden zunehmend wichtiger, da sich das Leistungsspektrum der Weiterbildungsinstitutionen verschiebt. Statt des traditionellen Programmangebotes ist eine stärker projektbezogene, flexible Dienstleistungsaktivität gefragt. Dies erfordert ein verändertes institutionelles Selbstverständnis und neue Strategien, welche auch betriebswirtschaftliche Daten einbeziehen. Das Vordringen von Begriffen wie Management, Marketing und Controlling im Weiterbildungsbereich ist dafür ein Indikator.

Das Spektrum entsprechender Serviceinstitutionen reicht von den Landesinstituten für Schule und Weiterbildung bis zu Unternehmensberatern. Es gibt jedoch kein eindeutiges Profil. In Schleswig-Holstein gibt es z.B. Ansätze im Rahmen der "Beratungsgesellschaft für Beschäftigungsinitiativen in Schleswig-Holstein" (BSH mbH), die eine private gemeinnützige Beratungsgesellschaft mit dem öffentlichen Auftrag ist, Arbeitsmarktpolitik in Schleswig-Holstein zu unterstützen. Sie hält aber auch ein breit gefächertes Dienstleistungsangebot parat. Der Aufgabenbereich umfaßt die Beratung und Information bei der Verwirklichung von Beschäftigungsvorhaben, die Entwicklung und Umsetzung von Konzepten für die kommunale Arbeitsmarktpolitik. Darüber hinaus nimmt sie bei den Qualifizierungsmaßnahmen für Benachteiligte, die von der Europäischen Union mit Hilfe des Europäischen Sozialfonds (ESF) finanziert werden, die Begleitung, Abwicklung und Beratung wahr. In der außerschulischen Weiterbildung betreut sie alle hauptamtlich geführten Volkshochschulen, freien Träger und Träger der Wirtschaft. Die Beratungsgesellschaft ist auch in der Personalqualifizierung für Weiterbildungsträger tätig.

Da es viele Volkshochschulen gibt, die zum Teil recht klein und zudem auf das ganze Land verteilt sind, sind für sie die Serviceleistungen des Landesverbandes der Volkshochschulen eine große Hilfe bei der Planung und Realisierung ihres Angebotes. Auch gibt es eine EU-Beratungsstelle bei der Investitionsbank in Kiel. Diese betreut Institutionen der Wirtschaft, des Handwerks und andere Institutionen hinsichtlich der EU-Programme. In einem begleitenden Arbeitskreis sind Vertreter des Europa-, Wirtschafts- und Wissenschaftsministeriums, des Verbindungsbüros Brüssel, der Forschungsdezernent der Universität Kiel, Vertreter der Fachhochschulen, Industrie- und Handelskammern, Handwerkskammern und Forschungs- und Technologiezentren vertreten.

Für die in Schleswig-Holstein existierenden Serviceinstitutionen ist also die Dienstleistung für Weiterbildung nur ein Teil ihres Aktivitätenspektrums. Weiterbildung wird hier vor allem in ihrer Funktion für den Arbeitsmarkt einbezogen. Die eigenständige Entwicklung des Weiterbildungsbereichs kommt dabei kaum in den Blick. Demgegenüber könnte eine gesonderte Institutionalisierung von Weiterbildungsinstitutionsberatung eine Hilfestellung für Träger und Einrichtungen bieten, sich den Anforderungen einer neuen Aktivitäten- und Strategieentwicklung zu stellen. Es bedarf einer stärkeren Profilierung im Sinne einer klareren Bestimmung von Aufgaben; eine Konzentrierung durch Zusammenführung verschiedener unterstützender Aufgaben; einer Stabilisierung durch Sichern der Kontinuität. Unter diesen Voraussetzungen ist eine institutionelle Sonderung und relative Eigenständigkeit von Support-Strukturen sowohl in bezug auf staatliche Koordination als auch gegenüber den Institutionen der Weiterbildungsdurchführung sinnvoll für die Funktionsfähigkeit von Weiterbildungsaktivitäten auf den Ebenen der Kurse und Programme.

8

Kooperation und Koordination

Betrachtet man die gegenwärtige Systemstruktur in der Weiterbildung, so müssen Zweifel angemeldet werden, ob sie den zugewiesenen Funktionen gerecht wird. Bezogen auf die geforderte Aufgabenerfüllung gibt es *deutliche "Lücken" im Angebot.* Das System der Erwachsenenbildung ist *partialisiert und segmentiert.* Symptomatisch ist - wenn auch nicht notwendigerweise negativ - die Vielzahl von Initiativen und Aktivitäten der verschiedensten Institutionen, die Unübersichtlichkeit und unterschiedliche Dichte und Differenzierung des Angebots sowie ein Mangel an Zusammenarbeit und an organisatorischer und inhaltlicher Systematik. Die sich darin ausdrückenden Defizite in der Erwachsenenbildung sollen durch eine verstärkte Kooperation der Akteure gemildert werden. Damit wird die Hoffnung auf Steigerung der Weiterbildungsqualität und auf eine Optimierung des Ressourceneinsatzes verbunden.

Dafür muß mit Instrumenten wie Weiterbildungsberatung und Datenbanksystemen das Programm- und Kursangebot transparent gemacht werden. Eine stärkere Vergleichbarkeit der Inhalte, die damit möglich würde, könnte zu einer größeren Durchlässigkeit führen. Weil damit die Durchführung von Maßnahmen sichergestellt werden könnte, könnten entsprechende Angebotslücken geschlossen werden.

Ein kooperatives System wird als Weg vorgeschlagen, wenn eine staatliche Trägerschaft für Weiterbildung als nicht wünschenswert oder durchsetzbar gesehen, gleichzeitig aber eine öffentliche Verantwortung für den Gesamtbereich als sinnvoll erachtet wird. Es werden drei Grundmodelle diskutiert: Bei dem *Eingriffsmodell* werden die Kooperationsaktivitäten durch eine führende Instanz in einer hierarchisch organisierten Struktur festgelegt. Beim *Fördermodell* genießen die beteiligten Institutionen eine relativ große Entscheidungsfreiheit, und die externen Einflüsse beschränken sich auf die Bereitstellung von Informationen und Ressourcen. Damit werden Bedingungen geschaffen, innerhalb des vorgegebenen Rahmens Innovationen in Gang zu setzen. Das schwächste Modell ist das *Aus-*

tauschmodell, bei dem eine gegenseitige Abstimmung von Aktivitäten auf vertraglicher Basis im Vordergrund steht. Die Modelle bewegen sich in einem Spannungsfeld von öffentlicher Koordination und Förderung und der Selbstbindung und Kooperation der Beteiligten. Deswegen können diese Grundmodelle verschiedene institutionelle Ausprägungen erhalten (vgl. Übersicht 39). Welche Mischform jedoch am besten geeignet ist, hängt von den jeweils konkreten regionalen Faktoren ab, welche in den jeweiligen Konstellationen zu prüfen sind; ebenso ist fallweise zu klären, welche Vertragsgrundlagen zu entwickeln sind. Wichtig ist es deshalb, sich in Kooperationsaktivitäten über die Reichweite zu verständigen. Diese geht von einem bloßen Erfahrungsaustausch, in dem gegenseitig Informationen zur Verfügung gestellt werden, bis hin zu einem unmittelbaren Zusammenwirken bei der Durchführung gemeinsamer Modellprojekte und Programme. Die Verbindlichkeit ist dabei durch entsprechende Formen und Institutionen herzustellen. Regionalpolitisch bedeutsam sind vor allem zwei Ansätze: zum einen Entscheidungsbefugnis durch regionale Weiterbildungsbeiräte vor Ort zu bringen und zum anderen eine entsprechende regionale Infrastruktur auszubauen. Ausgehend von der hochgradigen Segmentierung der Weiterbildungslandschaft müssen Formen gefunden werden, um die bestehenden Aufspaltungen regional wieder zusammenzubringen. Angesichts *unabweisbarer Regulationserfordernisse* kommt es darauf an, Elemente der Selbstverwaltung im Weiterbildungsbereich regional aufzubauen.

Kooperationsstrategien in der Weiterbildung sind keineswegs neu. Um z.B. die Situation der betrieblichen Weiterbildung in Klein- und Mittelbetrieben zu verbessern, wurde in den letzten Jahren eine Reihe von Konzepten entwickelt, die die Kooperationsbeziehungen von Betrieben und Weiterbildungsträgern zum Gegenstand hatten. Praktische Erfahrungen mit diesen Konzepten beziehen sich jedoch im wesentlichen immer noch auf Modellversuche, die später nicht breit umgesetzt wurden. Deshalb sind die realen Entwicklungschancen dieser Konzepte relativ schwer abschätzbar (vgl. Stratmann 1993, S. 105ff.; Weimer 1993, S. 125ff.; Korte 1993, S. 133ff.; Worschech 1993, S. 41ff.; Wegge/Zander 1994). Aus den bisherigen Erfahrungen haben sich vor allem drei Kooperationstypen herauskristallisiert:

(a) Oft findet nur eine *proklamatorische Kooperation* statt. Gespräche über Kooperation ersetzen deren Realisierung. Zwar werden in verschiedenen Gremien, Gesprächsrunden und Telefonaten immer wieder Absichtserklärungen abgegeben, diese dienen aber eher der Absicherung der jeweiligen Einzugsbereiche. Kooperation erreicht höchstens das Niveau der gegenseitigen Information, etwa mit der Zielsetzung, sich jeweils über die eigenen "claims" zu verständigen.

(b) Bei *imperialistischer Kooperation* besitzt einer der Beteiligten eine Machtstellung, welche er gegen die anderen ausspielt. Dabei reagieren die einzelnen Platzhirsche aggressiv, wenn ihre Abgrenzungsstrategien gestört werden.

Übersicht 38: Kooperationsmodelle

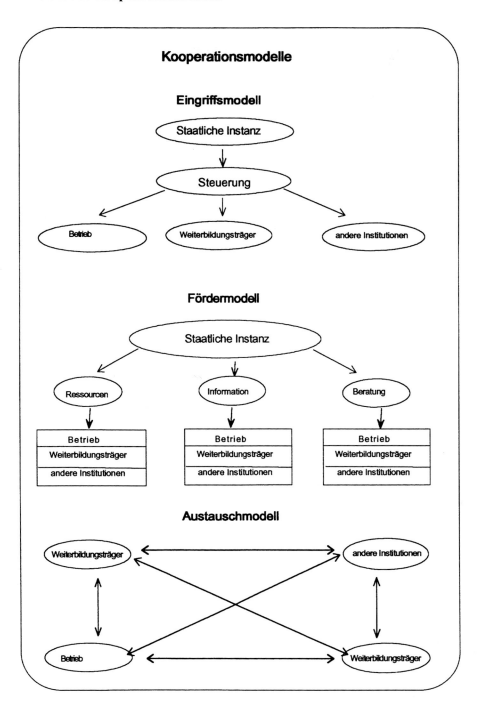

(c) Eine *expansive Kooperationsstrategie* reflektiert demgegenüber die Prämissen der jeweiligen Institution selber. In einem institutionellen Kommunikationsprozeß werden die Kooperationschancen nutzbar für die Verbesserung der Qualität der Erwachsenenbildungsangebote.

Um maßgeschneiderte Angebote für Klein- und Mittelbetriebe zu ermöglichen, wurde das Konzept des *Bildungsmarketings* entwickelt. Verbesserte freiwillige Kooperations- und Austauschformen zwischen Weiterbildungsträgern und Klein- und Mittelbetrieben sollen eine bedarfsgerechte Kombination von Lernmethoden und -orten in der betrieblich-beruflichen Weiterbildung erschließen. Dazu soll die bisherige Produktorientierung von Weiterbildungsträgern zugunsten einer Kunden- und Prozeßorientierung überwunden werden. Um dies zu erreichen, wird eine Integration des externen Faktors (Betriebe) in die Leistungserstellung der Weiterbildungsträger als nötig angesehen. Dies bezieht sich insbesondere auf kooperative Modelle der Bedarfsanalyse und gemeinsamer Maßnahmebewertung sowie Evaluation zur Qualitätssicherung und Vorbereitung neuer Maßnahmen. Dazu müssen sich Weiterbildungsträger auch intern umstrukturieren, um gleichsam zu zentralen Dienstleistungszentren werden (vgl. Blöchle/Stahl/Stölzl 1991, S. 23ff.; Döring 1994a, S. 166ff.).

Weiterbildungverbünde können ein anderes Mittel zur Umsetzung des Kooperationskonzeptes sein. Sie gibt es einmal als Kooperation von Weiterbildungsträgern untereinander und andererseits als Kooperation zwischen Unternehmen und Erwachsenenbildungsträgern. Sie erleben derzeit einen regelrechten Boom. Sie erlauben eine neue Mischung verschiedener Lernorte, Methoden und Verfahren. Gleichzeitig tragen sie zur optimalen Nutzung der Ressourcen von Weiterbildungsträgern und Betrieben bei. Durch den Zusammenschluß unterschiedlicher Institutionen sollen also Synergieeffekte erzielt werden. Verbünde gliedern sich nach inhaltlich-fachlichen Interessen, regionalen Gesichtspunkten und politischen Gemeinsamkeiten auf. In Verbünden werden die einzelnen Interessen der Mitglieder mit dem Ziel gebündelt, ein Gesamtinteresse effektiver durchzusetzen. *Kooperation zwischen Weiterbildungsinstitutionen und Betrieben* oder auch Betrieben untereinander erfolgen derzeit. Modellversuche und erste Ansätze belegen, daß durch Weiterbildungsverbünde zwischen verschiedenen Betrieben Ressourcen von Großbetrieben besser ausgeschöpft, neue didaktisch-methodische Konzepte auch für Mitarbeiter aus Klein- und Mittelbetrieben erschlossen werden, eine effiziente Konzeptentwicklung möglich ist, Evaluation, Controlling und Qualität verbessert werden können. Weiterbildungsverbünde können dabei also für Betriebe Vorteile hinsichtlich Kostensenkung, paßgerechten bedarfsorientierten Programmentwicklungen, Vermeidung von Doppelangeboten bei gleichen Zielgruppen und gleichen Inhalten, Aufbau neuer zielgruppenspezifischer Angebote, didaktisch-professioneller Bildungsangebote, Sicherung der Kontinuität und damit eventuell auch der Qualität des Weiterbildungsangebotes, einer verbesserten Evaluation und eines Erfahrungsaustausches hinsichtlich von Konzepten der Personalentwicklung bieten. Für die Weiterbildungsinstitutionen bieten Weiterbildungsverbünde als Vorteile den Austausch von Dozenten, eine bessere Auslastung der Kurse, eine effizientere Verwaltung des eigenen Angebotes, optimierbare Rahmenbedingungen, eine verbesserte Beratung, Herausgabe eines gemeinsamen Bildungsprogrammes und verbessere Evaluationsstrategien.

Als Organisationsmodell dafür kommt erstens ein externes Dienstleistungsmodell in Frage, in dem mehrere Betriebe sich gleichzeitig eines externen Weiterbildungsträgers zum Zwecke der Verwirklichung ihrer gemeinsamen Bildungsziele bedienen. Der Träger hat dabei die Funktion, den Weiterbildungsbedarf festzustellen, Maßnahmen durchzuführen sowie die Aktivitäten zu koordinieren. Zweitens kann ein internes Dienstleistungsmodell gewählt werden, bei dem unter Führung eines Betriebes mehrere Unternehmen zu Weiterbildungszwecken zusammenarbeiten. Sie bauen entweder ein eigenes Bildungszentrum neu auf oder erweitern ein bereits bestehendes betriebsinternes Bildungszentrum zu einem überbetrieblichen Weiterbildungszentrum. Drittens kann ein Partizipationsmodell etabliert werden. In einem gleichberechtigten Zusammenschluß mehrerer Betriebe übernimmt jeder Betrieb mindestens eine Aufgabe und setzt diese für alle um. Das könnte bedeuten, daß die Räume von einem anderen Betrieb zur Verfügung gestellt werden, als von dem, der die Dozenten stellt, und daß ein Dritter die Abrechnung, Planung, etc. übernimmt (vgl. z.B. Ebeling 1993, S. 29ff.; Döring 1994a, S. 172ff.; Döring 1987, S. 286ff.).

Kooperationen zwischen Weiterbildungsinstitutionen können durch Weiterbildungsverbünde, die auf einer gleichberechtigten Kooperation verschiedener Partner beruhen, realisiert werden. Ansatzpunkte bieten zum Beispiel auf Kreisebene die Koordinationsausschüsse, die nach § 27 BFQG vorgesehen sind, oder die Initiative zur flächendeckenden Etablierung von Weiterbildungsverbünden in Schleswig-Holstein. Weiterbildungsverbünde können aber auch zur *Strukturverbesserung von Weiterbildungsinstitutionen* beitragen. Zur Entwicklung der Volkshochschulen in Schleswig-Holstein war eine Strukturreform geplant, nach der mehr hauptamtliche Leiterstellen geschaffen werden sollten. Diese Initiative ist auf den Widerstand der Gemeinden und Kreise gestoßen, da diese sich wegen der nötigen Beteiligung an Personalkosten und der Bereitstellung von Infrastruktur (Räumen, etc.) sperrten. Zur Zeit gibt es daher nur ca. 34 hauptamtliche Leiter von Volkshochschulen in Schleswig-Holstein. Angestrebt wird die Einrichtung von "Programmverbünden", in denen mehrere Volkshochschulen im Umkreis von 15 bis 20 km ein gemeinsames Programm aufstellen sollen. Ein solcher Verbund wird z.B. seit einem Jahr in der Region Eiderstedt praktiziert. Dort stiegen im selben Zeitraum die Belegungszahlen um bis zu 80 Prozent, da Kurse zustande kamen, die früher aufgrund zu weniger Teilnehmender nicht durchgeführt werden konnten; außerdem wurden neue Teilnahmeschichten erreicht. Im Kreis Lauenburg deutet sich eine ähnliche Entwicklung an. Dort waren zunächst drei Programmverbünde geplant. Von diesen Initiativen könnte eine Vorbildfunktion für andere Kreise (z.B. Plön, Steinburg, Nordfriesland) ausgehen. Da es sich um sehr große Regionen handelt, wird es aber sinnvoll sein, mehrere Programmverbünde in den einzelnen Kreisen zu installieren.

9

Regionalentwicklung durch Weiterbildung

9.1 Regionale Potentiale und Weiterbildungsentwicklung

Die zentralen Problemkomplexe der gesellschaftspolitischen Diskussion - fortdauernde Arbeitslosigkeit, technologische und ökonomische Umbrüche und die sich verstärkende Umweltkrise - zu deren Bewältigung auch Weiterbildungsansätze herangezogen werden, finden räumlich verteilt unterschiedlich starke Ausprägungen. Während in den Ballungsgebieten Umweltbelastungen besonders spürbar sind, gibt es in strukturschwachen Peripherieräumen fortdauernde und wachsende Arbeitsplatzprobleme und niedrigere Einkommensniveaus. Die regionalökonomischen Entwicklungen der letzten Jahre haben diese räumlichen Disparitäten keineswegs gemildert, sondern eher verstärkt, so daß die Lebens-, Bildungs- und Berufschancen auf unterschiedlichen Niveaus beeinflußt werden und ungleich verteilt sind. Ein nachweisbar starkes Gefälle mit deutlichen Grenzlinien zwischen industrialisierten Ballungskernen und ländlich strukturierten Regionen ist weiterhin vorhanden. Die traditionelle Regionalpolitik, welche darauf beruhte, industrielle Wachstumsüberschüsse in ländliche Problemregionen zu lenken, hat nicht verhindern können, daß räumliche Ungleichgewichte sich eher noch verstärkt haben. So verbreitet sich mittlerweile ein Plädoyer für eine Innovationsorientierung der Regionalpolitik. Diese Überlegungen beruhen auf einer Rückbesinnung auf die endogenen Entwicklungsmöglichkeiten in den Regionen selbst. Regionale Entwicklung durch Innovation und Qualifikation sind dafür die wichtigsten Stichworte. Von daher richtet sich das Augenmerk stark auf die vorhandenen Qualifikationspotentiale und Weiterbildungsangebote.

In Schleswig-Holstein bestehen regionale Gefälle der Arbeits- und Lebensverhältnisse, die sich auch in der Weiterbildung widerspiegeln. Daß die Weiterbildungsquote in ländlichen Regionen niedriger liegt als in Städten, ist besonders für ein Flächenland wie Schleswig-Holstein problematisch (vgl. Kuwan u.a. 1993, S.

187ff.). Dies ist vorwiegend sozialstrukturellen Bedingungen (Alter, Schulabschluß, beruflicher Status usw.) geschuldet. Die Ursachen dafür sind vielfältig: Geringere Siedlungsdichte und entsprechende Erreichbarkeit, infrastrukturelle Hemmnisse und Schwierigkeiten, jahreszeitliche Belastungen im Zusammenhang mit der Landwirtschaft, traditionelle Lebensformen und starke soziale Kontrolle, Prioritäten von Vereinsaktivitäten, Bildungsgefälle, Mangel an Dozenten und hohe Kursgebühren bei zu kleinen Teilnehmergruppen. Mit einigen Indikatoren der Weiterbildungsdichte in Schleswig-Holstein lassen sich die Resultate beschreiben:

Übersicht 39
Weiterbildungsdichte (Zahl der Unterrichtsstunden auf 1.000 Einwohner) des VHS-Angebots in den Kreisen und kreisfreien Städten in Schleswig-Holstein im Jahr 1993

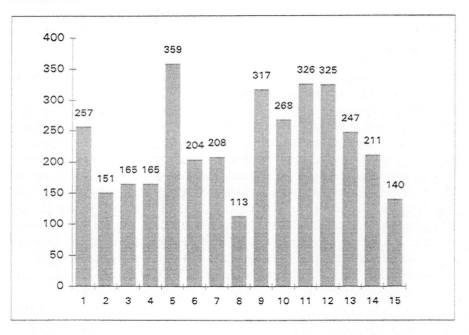

1 = Dithmarschen, 2 = Hzgtm./Lauenburg, 3 = Nordfriesland, 4 = Ost-Holstein, 5 = Pinneberg,
6 = Plön, 7 = Rendsburg/Eckernförde, 8 = Schleswig/Flensburg, 9 = Segeberg, 10 = Steinburg,
11 = Stormarn, 12 = Flensburg, 13 = Kiel, 14 = Lübeck, 15 = Neumünster

Quelle: Landesverband der Volkshochschulen

(a) Die 86 *Volkshochschulen,* die sich 1993 laut Landesraumordnungsplan in Ober-, Mittel-, Unterzentren und Stadtrandkernen I/II Ordnung (einschließlich der Kreisvolkshochschulen Plön und Segeberg, der Volkshochschule in Dithmarschen) befanden, führten 87,8 Prozent des Unterrichtsangebots (569.933 Unterrichtsstunden) aller Volkshochschulen in Schleswig-Holstein durch. Dagegen führten die 82 Volkshochschulen in ländlichen Zentralorten und in Orten ohne zentralörtliche Funktionen nur 12,2 Prozent (78.942 Unterrichtsstunden) durch. Auch ist die *Weiterbildungsdichte* (Zahl der Unterrichtsstunden pro 1.000 Einwohner) *nach Kreisen unterschiedlich.* So hatte z.B. der Kreis Pinneberg eine Dichte von 359, während es im Kreis Schleswig-Flensburg nur 113 waren. Ebenso gibt es bei den kreisfreien Städten Unterschiede, die von einer Weiterbildungsdichte von 325 in Flensburg bis zu 140 in Neumünster reichen.

(b) Regionale Unterschiede lassen sich auch an den Eintritten in Maßnahmen der beruflichen Fortbildung, Umschulung und Einarbeitung nach Arbeitsamtsbezirken in Schleswig-Holstein zeigen. Während in Heide im Jahre 1993 nur 852 Eintritte zu verzeichnen waren oder in Bad Oldesloe 1.708, waren es demgegenüber in Flensburg 3.532 oder in Elmshorn 3.207. Die Eintritte in AFG-geförderte Maßnahmen belegen also erhebliche Disparitäten nach Arbeitsamtsbezirken in Schleswig-Holstein, wobei zu berücksichtigen ist, daß die Arbeitsamtsbezirke sehr unterschiedlich geschnitten sind und bezogen auf Bevölkerungsanteile und Arbeitslosenzahlen je spezifische Probleme aufweisen.

(c) Auch das "Informationssystems Aus- und Weiterbildung" der Bundesanstalt für Arbeit spiegelt dies wider. Am 2.6.1994 waren hier 1.007 Angebote aus dem kaufmännischen bzw. wirtschaftlichen Bereich aufgeführt und 808 aus dem Bereich EDV. Auffällig ist, daß sich die EDV-Weiterbildung auf die Stadt Kiel und die Landkreise Plön und Flensburg-Eckernförde konzentriert, während in Neumünster und den Landkreisen Herzogtum Lauenburg, Nordfriesland und Schleswig-Flensburg kaum EDV-Weiterbildung angeboten wird. Zum Nachholen von Schulabschlüssen werden 257 Angebote in Schleswig-Holstein gemacht. Davon 75 in den kreisfreien Städten und 182 in den Landkreisen. Hier hat vor allem der Landkreis Nordfriesland viele Angebote und der Kreis Storman wenige. Die Schwerpunkte der Aufstiegsfortbildung zum Meister liegen in den Städten Flensburg, Kiel und Lübeck sowie den Landkreisen Pinneberg, Nordfriesland und Dithmarschen. Demgegenüber konzentriert sich die Technikerausbildung vor allem auf die Städte Flensburg und Kiel. Die Ausbildung zu Betriebs- oder Fachwirten oder Fachkaufleute erfolgt am häufigsten in den Landkreisen Pinneberg und Rendsburg-Eckernförde sowie in den Städten Kiel und Lübeck. Am 2.2.1994 gab es 8.558 in der Datenbank registrierte Weiterbildungsangebote in Schleswig-Holstein. Davon 5.542 in den Landkreisen, wo sich das Angebot insbesondere auf die Landkreise Segeberg, Rendsburg-Eckernförde und Pinneberg konzentriert, während es in Herzogtum Lauenburg, Nordfriesland und Schleswig-Flensburg besonders gering ist. Auch haben die Städte mit 3.016 Angeboten ein relativ dichtes Angebot, das sich allerdings überwiegend auf die Stadt Kiel konzentriert. Die Angebotsdichte, d.h. hier die Anzahl der Angebote pro 1.000 Einwohner ist in der Stadt Kiel mit 6,0 und der Stadt Flensburg mit 5,5 am höchsten. Während die höchsten Werte bei den Landkreisen in Dithmarschen mit 3,9, Pinneberg mit 3,4, Plön mit 3,4 und Segeberg mit 3,5 liegen, weisen Herzogtum Lauenburg mit 1,3 und Nordfriesland mit 1,2 und Schleswig-Flensburg mit 1,2 die niedrigsten Werte auf. Insgesamt ist ein Stadt-Land-Gefälle zu verzeichnen. Während in den Kreisen die durchschnittliche Angebotsdichte bei 2,7 Angeboten pro 1.000 Einwohner liegt, wird in den Städten ein Wert von 4,7 erreicht. Im Landesdurchschnitt beträgt der Wert 3,2. Auch auf die Fläche bezogen gibt es erhebliche Unterschiede (vgl. Übersichten 40 und 41).

Die Disparitäten im Weiterbildungsangebot und -verhalten sind den unterschiedlichen Lebens- und Wirtschaftsräumen geschuldet. Die wichtigsten Arbeitsmarkt- und Produktionszentren sind einerseits die großen Städte wie Kiel und Lübeck sowie Flensburg und Neumünster, andererseits das Hamburger Umland. Die Landesplanung teilt Schleswig-Holstein in fünf Wirtschaftsräume ein, die sich in ihrer Siedlungs- und Wirtschaftsstruktur deutlich unterscheiden: Die Region Schleswig mit ihrem Zentrum Flensburg; die Region Mittelholstein und das Zentrum Kiel mit Neumünster und Rendsburg; Ostholstein mit dem Zentrum Lübeck; der südliche Landesteil um die Städte Itzehoe und Heide sowie das Hamburger Randgebiet.

Kennzeichnend für die regionale Struktur Schleswig-Holsteins ist ein Süd-Nord- und Ost-West-Gefälle. Die Unternehmen konzentrieren sich in erheblichem Maße auf das Hamburger Umland. Hier werden auch je Einwohner besonders hohe Einkommen erzielt. Wie angesichts der räumlichen Unterschiede in der regionalen Struktur und Dynamik kaum anders zu erwarten, stellt sich auch die soziale Situation der Teilräume unterschiedlich dar. So besteht sowohl ein Einkommensgefälle von Süd nach Nord, als auch eine höhere Zahl von Arbeitslosen in den nördlichen Gebieten. Die Disparitäten stellen erhebliche Anforderungen an die Landespolitik, besonders hinsichtlich der Innovations- und Qualifikationsaspekte.

Wie im übrigen Bundesgebiet waren die siebziger und achtziger Jahre in Schleswig-Holstein von zwei Grundtendenzen regionaler Entwicklung geprägt: zum einen strukturell, durch verstärkte Tertiärisierung der Wirtschaft, und zum anderen räumlich, im Sinne einer Dezentralisierung von Bevölkerung und Arbeitsplätzen. Dies bewirkte einen Abbau der Konzentration der Industrie, eine Suburbanisierung der großen Zentren durch Ausbreitung der Wohn-, Gewerbe- und Handelsbereiche und führte zu einem Wachstum an den Rändern der Städte, aber auch der kleinstädtischen und ländlichen Räume. Dieser Dezentralisierungsprozeß wird besonders an der Entwicklung des Hamburger Randgebietes sichtbar. Es hat sich ein "Wachstumsgürtel" herausgebildet. Aber auch in den übrigen Landesteilen deuten Entwicklungsunterschiede zwischen den kreisfreien Städten und den Landkreisen auf Dezentralisierungstendenzen hin. Durch eine solche Regionalisierungstendenz werden absehbar die ökonomischen Probleme und bildungspolitischen Folgen in den nächsten Jahren eher zunehmen. Allerdings gibt es eine bundesweit feststellbare Verschiebung im Spektrum staatlicher Regionalpolitik.

Übersicht 40

Demographische Weiterbildungsdichte in den Kreisen und kreisfreien Städten in Schleswig-Holstein 1994 (Anzahl der Weiterbildungsangebote pro 1.000 Einwohner)

Angebote pro 1000 Einwohner
1.2 bis < 3
3 bis < 3,4
3.4 bis < 4,4
4.4 bis 6

Quelle: Informationssystem Aus- und Weiterbildung der Bundesanstalt für Arbeit, 9/1994

Übersicht 41
Regionale Weiterbildungsdichte in den Kreisen und kreisfreien Städten in Schleswig-Holstein 1994 (Anzahl der Weiterbildungsangebote pro 10 qkm)

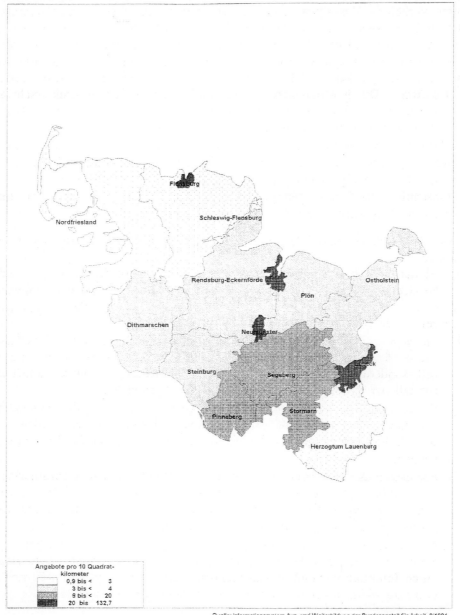

Angebote pro 10 Quadrat-
kilometer
0,9 bis <   3
3 bis <   4
5 bis <   20
20 bis   132,7

Quelle: Informationssystem Aus- und Weiterbildung der Bundesanstalt für Arbeit, 9/1994

Noch vor einigen Jahren herrschte ein "Disparitätenansatz" vor, bei welchem durch staatliche Interventionen und besonders öffentliche Investitionen ein Ausgleich der Lebensbedingungen hergestellt werden sollte. Dessen Resultate waren aber eher bescheiden. Auch standen (finanzieller) Aufwand und Erfolg in keinem guten Verhältnis. Deshalb wird inzwischen verstärkt auf einen "Potentialansatz" abgestellt. Endogene Stärken sollen in der jeweiligen Region aufgegriffen und genutzt werden. Entsprechende Entwicklungschancen verbinden sich vor allem mit dem Arbeitskräftepotential in den Regionen und entsprechenden Qualifikationsstrategien (vgl. Bosch 1993). Zentrale Ziele einer solchen Strukturpolitik sind:

- *Wachstum:* Durch Mobilisierung von Wachstumsreserven in strukturschwachen Gebieten soll das jeweilige Bruttoinlandsprodukt sowie der Beitrag dieser Gebiete zum gesamtwirtschaftlichem Wachstum erhöht werden.
- *Verstetigung:* Zielsetzungen der regionalen Strukturpolitik ist es, den konjunkturellen und strukturellen Anfälligkeiten der Regionen entgegenzuwirken.
- *Ausgleich:* Dabei geht es um eine Verminderung interregionaler Unterschiede hinsichtlich der Einkommenserzielung, der Versorgung mit öffentlichen und privaten Dienstleistungen sowie der Lebensverhältnisse insgesamt.

Diese Ziele können durch folgende regionalpolitische Maßnahmen angestrebt werden:

(a) *Förderung regionaler Innovationsprozesse:* Dabei sollen vor allem durch Serviceinstitutionen eine Beschleunigung und Intensivierung des Innovationstransfers zwischen Forschung, Entwicklung und Anwendung vorangetrieben werden.

(b) *Information über regionale "Qualifikationsbedarfe":* Besonders auf regionalen Arbeitsmärkten besteht nach wie vor ein erhebliches "Passungsproblem". Insbesondere die Träger von Weiterbildungseinrichtungen könnten aufgrund zusätzlicher Informationen verbesserte Angebote bereitstellen.

(c) *Erweiterung der Qualifikationsangebote:* Über die Erhöhung der regionalen Ausbildungsbereitschaft können Weiterbildungsangebote initiiert werden, um spezifischen Engpässen und Veränderungen der beruflichen Struktur zu begegnen.

(d) *Förderung der Flexibilität und Mobilität:* Auf den kleinen Arbeitsmärkten des ländlichen Raums ist berufliche Mobilität und entsprechendes Pendelverhalten öfter erforderlich, als in Verdichtungsregionen. Durch zusätzliche Angebote können Friktionen bei Tätigkeitswechseln verringert werden.

(e) *Förderung von Unternehmerqualifikationen:* Besonders die Inhaber von kleinen und mittleren Betrieben sind oft "innovationsresistent". Dies kann durch Informations- und Managementangebote sowie auch durch Betriebsgründeraktivitäten von Meistern und Technikern gemildert werden.

(f) *Ausbau von unterstützenden Dienstleistungen für Betriebe:* Die Kontakt- und Marketingfelder kleiner Betriebe im ländlichen Raum sind oft eingeengt. Diese könnten durch "Support-Strukturen" verbreitert werden.

In diesen regionalpolitischen Handlungsfeldern spielt Qualifikation eine zentrale Rolle. Entsprechende Strategien wären für die verschiedenen Landesteile Schleswig-Holsteins mit unterschiedlichen Schwerpunkten zu entwickeln. Um dafür Ansatzpunkte zu identifizieren, haben wir zwei Regionalstudien durchgeführt. Die Teilregionen wurden durch eine kontrastive Analyse miteinander verglichen. Ausgewählt wurde die Landeshauptstadt Kiel und der Kreis Dithmarschen. Dabei sind zwei Beispiele mit unterschiedlicher regionaler, ökonomischer und sozialer Struktur aufgegriffen worden. Für diese Auswahl der Gegenstände der Regionalstudien war zum einen wichtig, daß sie sich hinsichtlich ihrer Struktur unterscheiden sollten (Stadt/Land) zum anderen sollte aber in beiden Regionen eine Dynamik im Weiterbildungsbereich sichtbar sein. Die Einschätzung über Stand und Entwicklungschancen basierten hauptsächlich auf Expertengesprächen. Bemerkenswert ist, daß bezogen auf zukünftige Dynamik in beiden Bereichen erhebliche Potentiale vorhanden sind. Um die Bedingungen einer endogenen Regionalpolitik mit Hilfe der Entwicklung des Weiterbildungssystems zu klären, wurden die Wirtschaftsstruktur und die Weiterbildungsangebote untersucht. Für eine weitergehende Beurteilung der weiterbildungspolitischen Entwicklungspotentiale wurden darüber hinaus innovative Gestaltungsansätze beleuchtet.

9.2 Regionalstudie Dithmarschen

9.2.1 Wirtschaftsstruktur

Der Kreis Dithmarschen ist ein Flächenkreis mit vier Städten (Brunsbüttel, Meldorf, Heide und Marne) und 118 Gemeinden. Er lag im Januar 1995 mit einer Arbeitslosenquote von 11,7 Prozent (5.823 Personen) über dem Landesdurchschnitt. Damit hatte der Kreis einen Anteil von fünf Prozent an der Arbeitslosigkeit in Schleswig-Holstein. In diesem Kreis vollzieht sich allerdings ein tiefgreifender Strukturwandel, der auf eine Reduzierung der Arbeitslosigkeit hoffen läßt. Es wird eine verstärkte Gewerbeorientierung gefördert, die von einem geographischen Vorteil des Kreises profitiert: Er liegt direkt am Nord-Ostsee-Kanal. Dies hat Auswirkungen auf den gesamten Kreis. Die wirtschaftliche Struktur ist von vielen Klein- und Mittelbetrieben geprägt (ca. 1.800 Betriebe mit unter 20 Beschäftigten). Nur ca. 200 der 2.000 Betriebe im Kreis haben mehr Beschäftigte. Eine Raffinerie in Heide, einige Chemiebetriebe in Brunsbüttel (z.B. Bayer, DEA), ein Betonwerk (Alsen-Breitenburg) und ein kleinerer Maschinenbaubetrieb stellen die Großbetriebe dar. Auch in Heide siedeln sich verstärkt konkurrenzfähige Unternehmen an. So z.B. die Beyschlag-GmbH, die ein führender Hersteller von Schichtwiderständen für die Elektronik ist. Vor allem in Brunsbüttel haben sich moderne Industrien entwickelt, u. a. da es hier einen seeschifffähigen Elbehafen gibt. Als ein weiterer Standortvorteil werden gute Qualifikation der Beschäftigten und verschiedene Fortbildungsmöglichkeiten angeführt.

9.2.2 Weiterbildungsstruktur

Der Schwerpunkt der Weiterbildungsangebote liegt bei den Weiterbildungseinrichtungen in den Städten und konzentriert sich auf Orte mit mehr als 5.000 Einwohnern. Im Kreis Dithmarschen werden pro Halbjahr durchschnittlich 190 berufsbezogene Weiterbildungsveranstaltungen angeboten. Etwa 40 Prozent davon entfallen auf den gewerblich-technischen Bereich und hier insbesondere auf die Branchen Metall, Elektro, Chemie, Holz, Kunststoff und Kraftfahrzeuge. Stark berücksichtigt werden in den Lehrgangsangeboten Anpassungsfortbildungen in moderner Technologie. Einen beachtlichen Platz nimmt auch die Aufstiegsfortbildung ein. Bundesweite Beachtung finden die Meisterschulen für das Kfz-Handwerk in Heide, die Meisterschule für Elektroniker und die Fachschule für Umweltschutztechniker in Meldorf. Dadurch werden auch Personen von außerhalb in den Kreis gezogen. Diese Ansiedlung relativ vieler Meister- und Technikerschulen im Kreis hat ihren Grund in der Strukturpolitik der fünfziger und sechziger Jahre, durch welche in strukturschwächeren Regionen Ausbildungsstätten geschaffen wurden. Auch machen Betriebe selbst Angebote gewerblich-technischer Aus- und Weiterbildung. Die Bayer AG bietet in Brunsbüttel seine Weiterbildung auch für Klein- und Mittelbetriebe an.

Gut 60 Prozent der Angebotspalette der berufsbezogenen Weiterbildung im Kreis Dithmarschen bezieht sich auf den kaufmännisch-verwaltenden Bereich und ist oft branchenübergreifend angelegt. Spitzenreiter sind - analog zum bundesweiten Trend - EDV, Sprachen und bürotechnische Grundfertigkeiten. Verstärkt nachgefragt und angeboten werden verschiedene Berufsabschlüsse, Ausbildereignungslehrgänge und das Nachholen von Schulabschlüssen.

Ein Beispiel für eine Einrichtung, die einen Schwerpunkt im gewerblich-technischen Bereich hat, ist das Berufsfortbildungswerk des DGB in Büsum. Sie wurde zunächst 1986 gegründet, um Werftarbeiter umzuschulen, als die Werft in Konkurs ging. Sie wurde dann fortgeführt für Arbeitslose im Metallbereich. Büsum ist der einzige Standort des Berufsfortbildungswerkes in Dithmarschen. 1994 nahmen ungefähr 110 Teilnehmer an Umschulungen und Weiterbildungen im gewerblich-technischen Bereich teil. Zu 95 Prozent ist diese Einrichtung von der Förderung nach dem Arbeitsförderungsgesetz abhängig. Die Schwerpunkte der Tätigkeit dieser Einrichtung beziehen sich auf die Bereiche Metall und Elektro. Firmenschulungen wurden für Betriebe in Brunsbüttel und Meldorf durchgeführt. Büsum ist als Standort für das Berufsfortbildungswerk im Kreis Dithmarschen geographisch nicht besonders günstig gelegen. Eigentlich läge Itzehoe für den Süden des Landkreises näher. Hier werden aber andere Schwerpunkte, z.B. im Holz- oder Gartenbaubereich, gesetzt. Für die Zukunft sind verstärkt Angebote für Langzeitarbeitslose geplant. Weiterhin soll versucht werden, mehr Angebote für

Betriebe zu machen. Von den Auswirkungen der AFG-Kürzungen ist auch das Berufsfortbildungswerk in Dithmarschen betroffen. Die Auswirkungen waren aber nicht so stark wie bei der Deutschen Angestellten-Akademie in Dithmarschen, welche ihre Übungswerkstätten schließen mußte.

In Dithmarschen werden die Volkshochschulen Brunsbüttel, Heide und Meldorf hauptamtlich geleitet. Darüber hinaus hat der Verein "Volkshochschulen in Dithmarschen", der Unterstützungs- und Koordinationsarbeiten leistet, eine hauptamtliche Leitung. Nebenamtlich geleitete Volkshochschulen gibt es in Albersdorf, Büsum, Burg, Hemmingstedt, Hennstedt, Linden, Lunden, Marne, Nordhahstedt, St. Michaelisdon, Tellingstedt, Wesselbuchen und Wesseln. Von diesen Volkshochschulen wurden 1993 insgesamt 38.538 Unterrichtsstunden durchgeführt. Davon entfielen 35.505 Unterrichtsstunden auf Kurse und 1.260 auf Einzelveranstaltungen. 71 Prozent der Unterrichtseinheiten wurden von den drei hauptamtlich geleiteten Volkshochschulen und dem Verein "Volkshochschulen in Dithmarschen" durchgeführt. Die Anzahl der Kursleiter betrug ca. 450. Von diesen wurden 1.185 Kurse und 405 Einzelveranstaltungen durchgeführt. Es nahmen 1.465 Kursbesucher daran teil. Darüber hinaus wurden Einzelveranstaltungen, Studienfahrten und -reisen sowie Ausstellungen von 18.751 Personen besucht. Die Volkshochschulen sind fast die einzigen Träger der "allgemeinen", "politischen" und "kulturellen" Weiterbildung im Kreis Dithmarschen. Lediglich die Gewerkschaften bieten für ihre Mitglieder noch ein nennenswertes Angebot (vgl. Wessels 1994, S. 172f.) Auch der Bereich Fremdsprachen wird fast ausschließlich von den Volkshochschulen abgedeckt. Im Angebot der einzelnen Volkshochschulen bestehen jedoch deutliche Unterschiede. Die Volkshochschule Brunsbüttel ist z.B. im Bereich der "beruflichen" Weiterbildung besonders aktiv. Von den 2.000 Arbeitskräften in der chemischen Industrie im Kreis Dithmarschen wurden hier 604 Industriemeister und Chemikanten ausgebildet. Es wurden dafür auch betriebliche Ausbildungsstätten genutzt (vgl. auch Claussen/Schmidt 1995) und Kursleiter aus den Betrieben rekrutiert. Flexible Zeitformen der Maßnahmen in Dithmarschen kommen den Bedürfnissen der Teilnehmer entgegen: Neben Abendveranstaltungen gibt es Kompaktkurse als Bildungsfreistellungsveranstaltungen, Tages- oder Wochenendseminare. Die Unterschiede im Angebot der einzelnen Volkshochschulen werden zum Teil durch verbandsinterne Kooperationen ausgeglichen. Gleichzeitig können damit regionale Besonderheiten berücksichtigt und betont werden. Die unterschiedliche Weiterbildungsdichte in Dithmarschen - bezogen auf die Volkshochschulen - verweist jedoch auch auf nicht ausgeschöpfte Potentiale. Um ungedeckte Bedarfe zu befriedigen, wurde ein gemeinsames (integratives) Programm entwickelt. So geben z.B. die Volkshochschulen Heide, Meldorf und Hemmingstedt ein gemeinsames Programm heraus. Dasselbe gilt für die Volkshochschulen Marne und Brunsbüttel sowie Albersdorf, Tellingstedt und Nordhastedt. Einige Volkshochschulen wollen dazu verbindliche rechtliche Regelungen schaffen.

Im "Verein der Volkshochschulen in Dithmarschen" sind die 16 Volkshochschulen des Kreises zusammengeschlossen. Seit 1986 besteht eine gemeinsame Geschäftsstelle, von der die überwiegend nebenberuflich geleiteten Volkshochschulen organisatorisch und inhaltlich in ihrer Arbeit unterstützt werden. Zu den Aufgaben des Vereins gehört die Erarbeitung gemeinsamer Empfehlungen und Richtlinien für die Gestaltung der Teilnahmebedingungen, Vereinbarungen mit Kursleitern und andere Regelungen, die ein einheitliches Vorgehen aller angeschlossenen Volkshochschulen gewährleisten. Darüber hinaus sind Aufgaben des Vereins die Vertretung der gemeinsamen Belange der Volkshochschulen im Kreis, die Förderung eines flächendeckenden und bedarfsdeckenden Weiterbildungsangebotes sowie die Durchführung von Kursen und Lehrgängen in eigener Trägerschaft, soweit diese nicht von den Mitgliedsvolkshochschulen durchgeführt werden können. Im Rahmen dieser Aufgabenstellung wird z.B. seit August 1986 das Projekt "Alphabetisierung. Regionaler Beratungs- und Unterrichtsstützpunkt" durchgeführt. Auch werden seit Februar 1989 Deutschkurse für Aussiedler in Trägerschaft des Vereins durchgeführt. 1993 waren dies drei Kurse mit jeweils sechsmonatiger Dauer. Darüber hinaus werden Kursangebote für Frauen, die den Wiedereinstieg ins Berufsleben planen, realisiert. Im September 1993 wurde zum fünften Male eine gemeinsame Werbeaktion aller Volkshochschulen zum gemeinsamen Semesterbeginn durchgeführt. Zum Aktivitätsspektrum des Vereins gehörte 1993 auch eine Fortbildung für Kursleiter aus dem Fachbereich Sprachen.

Dieser Verein stellt damit ein Beispiel für die Kooperation von Volkshochschulen und die Organisation von Unterstützungsleistungen dar. Die Zusammenarbeit wird auf Kreisebene organisiert. Nur dort, wo die Volkshochschulen selbst nicht aktiv werden können, übernimmt der Verein die Durchführung von Kursen, so etwa bei den Deutschkursen für Aussiedler, die seit vier Jahren von dem Verein durchgeführt werden. Die Durchführung dieser Maßnahme paßt in das Konzept des Vereins, da Teilnehmer aus allen Kreisteilen kommen. Auch koordiniert der Verein alle Kulturangebote im Kreis.

9.2.3 Weiterbildungsverbund

Auf Anregung der Entwicklungsgesellschaft Brunsbüttel mbH, deren Träger die Kreise Dithmarschen und Steinburg sowie die Stadt Brunsbüttel und das Land Schleswig-Holstein sind, konstituierte sich 1989 im Kreis Dithmarschen ein "Arbeitskreis zur beruflichen Weiterbildung". Diesem gehören Kreishandwerkerschaften, die Industrie- und Handelskammer, Vertreter der Kreisverwaltung und des Arbeitsamtes und weitere Weiterbildungsinstitutionen an. Alle Weiterbildungsinstitutionen im Kreis, die "berufliche" Weiterbildung anbieten, sind einbezogen. Der Arbeitskreis will die berufsbezogene Weiterbildung so gestalten, daß die in Dithmarschen tätigen Unternehmen ihren Bedarf an Weiterbildung durch Angebote von Institutionen im Kreis decken können. Für die dafür erforderliche Koordinierung und Optimierung wurde die Entwicklungsgesellschaft Brunsbüttel als trägerneutrale Institution gewonnen. Sie besteht seit ca. 20 Jahren und hat seit 1987 Aufgaben der Wirtschaftsförderung für den Kreis Dithmarschen übernommen. Seit 1988 wendete sich die Gesellschaft dem Bereich berufsbezogener Weiterbildung zu und führte zu diesem Zeitpunkt erste Kooperationsgespräche. Die Entwicklungsgesellschaft ist in ihrem eigenen Selbstverständnis Moderator und Manager des Weiterbildungsverbundes. Sie spricht gezielt Weiterbildungsträger an, wenn es um die Entwicklung und Umsetzung neuer Angebote geht. Dabei werden durch gemeinsame Aktionen, wie etwa die Herausgabe des Weiterbildungskataloges, die Konkurrenz reduziert und vorhandene Gemeinsamkeiten gefördert. Es handelt sich beim Kreis Dithmarschen um eine kleine Region, in der sich die verschiedenen Weiterbildungsträger kennen. Dabei wird die Kooperation dadurch gefördert, daß sich Arbeitstreffen auf übergeordnete Themen beziehen, während die Feinabstimmung meist in bilateralen Gesprächen stattfindet. Dadurch hat sich über die Jahre eine Akzeptanz zwischen den Weiterbildungsträgern ergeben, die es z.B. ermöglichte, Kurse zusammenzulegen. Dies geschah nicht nur zwischen den verschiedenen Volkshochschulen, sondern auch bei anderen Weiterbildungsinstitutionen. Es gab z.B. eine Kooperation der Volkshochschule Brunsbüttel, der Volkshochschule Heide und der Techniker-Schule-Meldorf (vgl. auch Gnahs 1994, S. 54ff.).

Neben der *Verzahnung* unterschiedlicher Aktivitäten und Institutionen hat besonders die Transparenz in den Angeboten eine hohe Bedeutung für den Arbeitskreis. Dazu wird seit August 1989 durch die Entwicklungsgesellschaft halbjährlich ein "Leitfaden für die berufliche Weiterbildung" erstellt. Dieser wird an ca. 400 größere Betriebe und Institutionen verschickt. Der "Leitfaden" enthält, nach Branchen aufgeschlüsselt, alle angebotenen Weiterbildungsveranstaltungen im Kreis. Rückfragen aufgrund dieses Leitfadens können direkt an die Entwicklungsgesellschaft gerichtet werden, wo aus einer Weiterbildungsdatenbank weitere Informationen abgerufen werden können. Durch die Entwicklungsgesellschaft findet eine telefonische Weiterbildungsberatung statt. Eine weitere Form zur Herstellung von Transparenz ist der branchenspezifische Versand der Weiterbildungsangebote. Weit über 1.200 Betriebe erhalten branchenmäßig aufbereitete Informationen. Gemeinsame Präsentationsstände auf regionalen Messen, eine Beteiligung an Informationsveranstaltungen für verschiedene Zielgruppen sowie eine umfangreiche PR-Arbeit runden die Aktivitäten ab. Obwohl dies wegen der konkurrierenden Interessen der Weiterbildungsträger zu Beginn nicht einfach war, sind mittlerweile zehn Auflagen der "Leitfadens" herausgegeben worden. Der Erscheinungsrhythmus ist halbjährlich.

Auch spielen im Arbeitskreis die Zertifizierung von Weiterbildung oder Fragen der Qualitätssicherung eine Rolle. Durch eine Verleihung von Gütesiegeln soll eine "Marktbereinigung" vorangetrieben werden. Der Weiterbildungsarbeitskreis trifft sich alle zwei Monate, um zukünftige Entwicklungen, Trends und Perspektiven zu besprechen. Der Arbeitskreis ermittelt aber auch Bedarfe und setzt sie in neue Angebote um. Dazu wurden u.a. Befragungen von Arbeitgebern und Arbeitnehmern durchgeführt. Gemeinsam mit dem Arbeitsamt in Heide wurden Arbeitsmarktgespräche vorbereitet und durchgeführt, an denen ca. 15 größere Unternehmen, Vertreter der Weiterbildungsinstitutionen, des Arbeitsamtes, des Kreises und der Entwicklungsgesellschaft teilnahmen. Zwar war in diesem Kontext eine Bedarfsermittlung schwierig, trotzdem wurden Fortschritte in der Konzipierung neuer Angebote gemacht. Es wurde von der Entwicklungsgesellschaft Brunsbüttel im Zusammenwirken mit der Arbeitsverwaltung eine Analyse des Weiterbildungsbedarfs erstellt. Auf deren Basis und daraus resultierenden Themenvorschlägen wurden durch die im Arbeitskreis vertretenen Weiterbildungsinstitutionen zusätzliche Weiterbildungsangebote konzipiert und durchgeführt. Diese orientieren sich an Bedarfsvorstellungen der unteren und mittleren Führungsebene von Klein- und Mittelbetrieben. Die Entwicklungsgesellschaft unterstützt die Einführung der neuen Angebote durch Presseveröffentlichungen und Direktkontakte zu in Frage kommenden Unternehmen.

Ab 1989 bestand eine Personalstelle für die Koordinierung und Optimierung der berufsbezogenen Weiterbildung im Kreis Dithmarschen. Mittlerweile wird sie aus Honoraren der Entwicklungsgesellschaft Brunsbüttel finanziert. Die Weiterbildungsinstitutionen tragen die Sachkosten. Diese Kosten, z.B. für den Versand der "Leitfäden", werden durch die Entwicklungsgesellschaft mit ihnen abgerechnet.

Ein Vorteil des Weiterbildungsverbundes ist, daß sich die Träger kennen und über die Aktivitäten der anderen Anbieter informiert sind. Darüber hinaus werden die gemeinsame Werbung und die verstärkten Bemühungen um Kooperationen als Vorteile gesehen. Ein Kooperationsaspekt könnte sich auf das Personal beziehen, da verschiedene Einrichtungen Probleme haben, gute und qualifizierte Dozenten zu rekrutieren. Dies resultiert zum Teil daraus, daß die einzelnen Institutionen keine Dozenten fest einstellen: das könnte aber bei einer Kooperation gemeinsam erfolgen. Mangel an qualifizierten Dozenten kann durch einen verstärkten Austausch und ein Meldesystem behoben werden.

Von den Volkshochschulen wird der Weiterbildungsverbund positiv beurteilt, da dadurch eine gemeinsame Interessenvertretung der Weiterbildungsinstitutionen möglich wurde. Auch wird die Transparenzerhöhung als positiver Effekt gewertet. In Zukunft sollen für den Weiterbildungsverbund verstärkt gemeinsame Problemlagen analysiert werden, um darauf gezielt zu reagieren. Perspektiven des Weiterbildungsverbundes bestehen in Maßnahmen zur Angebotsausweitung entsprechend den betrieblichen Bedarfen, in der Zusammenführung von Weiterbildungsträgern zu verschiedenen Gesprächsthemen, in einer Bewahrung der Institutionen- und Angebotsvielfalt sowie in einer stärkeren Zusammenarbeit von Weiterbildungsinstitutionen, die auch an einer gemeinsamen Nutzung von materiellen und personellen Ressourcen mündet. Darüber hinaus sollen die Weiterbildungsinstitutionen im Kreis gestärkt werden, da es sich um eine gefestigte Struktur handelt. Auch soll die Idee des Weiterbildungsverbundes landesweit stärker verbreitet werden. Das Wirtschaftsministerium fördert einen entsprechenden Modellversuch, der 1994 begonnen hat. Bisher wurde eine Informationsveranstaltung mit Vertretern aller schleswig-holsteinischer Kreise durchgeführt. Dabei zeigte sich, daß ein breites Interesse an einer Übertragbarkeit bei verschiedenen Kreisen besteht. Die Kernfrage ist jedoch eine Finanzierung solcher Modelle.

9.2.4 Weiterbildungsberatung

Auf der Grundlage der Weiterbildungsdatenbank, die zur Erstellung der "Leitfäden" des Weiterbildungsverbundes dient, erfolgt eine Weiterbildungsberatung durch die Entwicklungsgesellschaft Brunsbüttel. Sie ist zentraler Ansprechpartner für Interessenten an berufsbezogener Weiterbildung im Kreis Dithmarschen. Besonders im Anschluß an den Versandaktionen der "Leitfäden" zeigt sich ein Informationsbedarf, der sich in vielen Telefonanrufen ausdrückt. Es wird eine Beratung zu Inhalten, Kosten u.ä. Fragen zu Weiterbildungsangeboten durchgeführt. Ratsuchende werden an entsprechende Weiterbildungsinstitutionen weiter verwiesen. Diese Beratung ist also eng mit der Informationspolitik des Weiterbildungsverbundes verknüpft.

Die Entwicklungsgesellschaft Brunsbüttel ist darüber hinaus Träger der seit dem 1. Juli 1991 bestehenden Beratungsstelle für arbeitsuchende Frauen (BaF), die bislang überwiegend aus Landesmitteln finanziert wird. Im Rahmen der Beratungstätigkeit werden Frauen über die Möglichkeiten beruflicher Weiterbildung aus der Sicht eines Wiedereinstiegs in das Berufsleben informiert. Die Beratung erfolgt sowohl in einem in Meldorf eingerichteten Büro, als auch mobil in einem Kleinbus, mit dem entlegenere Regionen Dithmarschens aufgesucht werden. Die Entwicklungsgesellschaft regte gemeinsam mit der BaF eine längerfristig PR-Aktion zur stärkeren Motivierung von Frauen für gewerblich-technische Berufe an. Neben Gesprächen in Dithmarscher Unternehmen war die Herausgabe einer gemeinsam mit der Dithmarscher Landeszeitung erarbeiteten Sonderbeilage zum Thema "Frauen in Männerberufen" Höhepunkt dieser Aktion. Durch die Verlängerung des Modellversuchs hat sich allerdings ab Mitte 1994 das Themenspektrum verschoben. Von den Problemen der Berufsrückkehrerinnen ist der Schwerpunkt nun auf ganzheitliche Lebensplanung von Frauen gelegt worden.

Über das bestehende Beratungsangebot hinaus gibt es zunehmend von den Unternehmen eine verstärkte Forderung nach einer Ausweitung einer gezielten Qualifizierungsberatung für Klein- und Mittelbetriebe im Kreis.

9.3 Regionalstudie Kiel

9.3.1 Wirtschaftsstruktur

In 1992 gab es in der Landeshauptstadt Kiel 244.000 Einwohner und 107.620 sozialversicherungspflichtig Beschäftigte. Nach Arbeitsplatzort (d.h. inkl. Berufspendler) waren es 111.901 sozialversicherungspflichtig Beschäftige. Dies sind 5,2 Prozent mehr als 1978 (106.332 sozialversicherungspflichtig Beschäftigte).

31.695 Personen arbeiteten 1992 im produzierendem Gewerbe, 22.449 im Bereich Handel und Verkehr und 57.526 im Dienstleistungsbereich. Während der Anteil der Beschäftigten im produzierendem Gewerbe von 1979 bis 1992 um 15,6 Prozent und im Bereich Handel und Verkehr um 5,0 Prozent sank, stieg der Anteil im Dienstleistungsbereich um 28 Prozent. Die zunehmende Bedeutung dieses Bereichs für die Wirtschaft der Stadt Kiel belegen auch die Anteile der Wirtschaftsbereiche an der Bruttowertschöpfung: Während 1988 die Land- und Forstwirtschaft nur 0,1 Prozent, das produzierende Gewerbe nur 24,7 Prozent und der Bereich Handel und Verkehr nur 17,5 Prozent Anteil hatten, hatten die "übrigen Dienstleistungen" einen Anteil von 57,8 Prozent. Als Oberzentrum versorgt die Stadt Kiel mehr als 850.000 Menschen mit Dienstleistung. Der tertiäre Sektor bildet also die tragende Säule der Kieler Wirtschaft. Drei von vier Beschäftigten arbeiten in diesem Sektor. Demgegenüber arbeiteten in der Investitionsgüterindustrie 1992 nur noch 18.371 Beschäftigte in 132 Betrieben, in der elektrotechnischen Industrie waren es 4.792 Beschäftigte in 43 Betrieben und im Maschinen- und Schiffsbau 9.294 Beschäftigte in 32 Betrieben. In all diesen Bereichen sank die Anzahl der Beschäftigten seit 1978 kontinuierlich.

Das produzierende Gewerbe scheint aber seine Krise überwunden zu haben: In 1.300 Betrieben arbeiten mehr als 34.000 Menschen. Zu den Schlüsselbranchen zählen Maschinen- und Schiffbau, Elektrotechnik, Feinmechanik, Optik und Medizintechnik.

Ein Standortvorteil Kiels gegenüber anderen Regionen in Schleswig-Holstein ist auch, daß die Stadt auf allen Verkehrswegen direkt und schnell zu erreichen ist. Die Landeshauptstadt ist nach Abschluß der Bahnelektrifizierung mit dem ICE-Netz verbunden. Der Nord-Ostsee-Kanal ist einer der meistbefahrenen künstlichen Wasserstraßen der Welt. Eine besondere Bedeutung für die Stadt Kiel hat der Seehafen. Auch ist die Bedeutung als Fährhafen mit steigendem Passagieraufkommen in den letzten Jahren gewachsen.

9.3.2 Weiterbildungsstruktur

Die berufliche Weiterbildung, die hauptsächlich AFG-gefördert ist, ist in Kiel weitgehend fest aufgeteilt. Im kaufmännischen Bereich machen vor allem die Wirtschaftsakademie, die Grone-Schulen, die Deutsche Angestellten Akademie und die Akademie für berufliche Bildung entsprechende Angebote. Letztere ist ein privater Träger, der zahlreiche Umschulungen im kaufmännischen Bereich durchführt und auch einige Übungsfirmen eingerichtet hat. Im Bereich der EDV-Weiterbildung sind noch einige kommerzielle Institute aktiv. Einige dieser Institute mußten in Folge der AFG-Kürzungen geschlossen werden. Im gewerblich-technischen Bereich hat das Berufsfortbildungswerk des DGB eine dominierende Stellung. Diese Einrichtung ist auch in dem Bereich Umweltschutz und Landschaftspflege aktiv. Andere Institutionen, die sich in diesem Bereich etablieren wollten, sind gescheitert.

Weiterbildungsinstitutionen führen fünf bis zehn spezielle "Frauenprojekte" durch. Für Frauen sind mindestens 30 verschiedene Weiterbildungträger aktiv. Vermehrt versuchen sich Berufsschulen als Weiterbildungsinstitutionen in Kiel zu etablieren. Dagegen gibt es allerdings einen erheblichen Widerstand der Unternehmen und verschiedener Weiterbildungsinstitutionen; bei letzteren auch deswegen, weil sie selber Berufsschullehrer als flexibles und kostengünstiges nebenamtliches Personal einsetzen.

Ein deutlicher Unterschied zwischen den Institutionen der beruflichen Weiterbildung in Kiel besteht zwischen solchen, die AFG-geförderte Weiterbildung durchführen, und solchen, die "freie" Angebote machen. Während das Feld der AFG-orientierten Träger noch relativ übersichtlich ist, ist die Anzahl der freien Anbieter kaum zu überblicken. Hier gibt es auch viele kleine Einrichtungen, die ständig neu gegründet oder auch wieder geschlossen werden. Demgegenüber gibt es kaum Neugründungen von Institutionen, die im AFG-Bereich tätig sind. Während die öffentlichen Weiterbildungsinstitutionen (Volkshochschulen, Berufsschulen) wenig AFG-geförderte Weiterbildung anbieten, sind besonders die Deutsche Angestellten Akademie und die Wirtschaftsakademie auf diesem Feld aktiv. Auch in der Stadt Kiel hat das Weiterbildungsangebot unter dem Rückgang der AFG-Förderung gelitten. Die Mittel von der Arbeitsverwaltung wurden jedoch so verteilt, daß die meisten Institutionen - wenn auch mit reduzierten Etats - überleben konnten.

Private Weiterbildungsinstitutionen haben in Kiel in den letzten Jahren verstärkt expandiert. Trotzdem gibt es eine ganze Reihe von bisher nicht befriedigten Bedarfen. Dies betrifft insbesondere die berufliche Fortbildung im Fremdsprachenbereich, hauptsächlich weil das Arbeitsamt hier nicht mehr fördert, Laborberufe, Pflegeberufe und den übrigen medizinischen Bereich. Demgegenüber sind der pädagogische und psycho-soziale Bereich ebenso wie der kaufmännische und EDV-Bereich nach Einschätzung unserer Interviewpartner relativ gut versorgt. So gibt es im kaufmännischen Bereich allein drei bis vier verschiedene Übungsfirmen in Kiel. Der EDV-Bereich leidet vor allen Dingen darunter, daß viele der angebotenen Veranstaltungen nicht zustande kommen. Darüber hinaus gibt es - wie von Experten berichtet wird - aus Frauensicht einen Mangel an Teilzeitumschulungen für Büroberufe. Die vielen privaten Weiterbildungsinstitutionen in Kiel machen für Berufsrückkehrerinnen oder arbeitslose Arbeitnehmerinnen oft kein passendes Angebot zu akzeptablen Preisen. Defizite bestehen für Frauen insbesondere im Pflegebereich und hinsichtlich der Wiedereinstiegsangebote.

Eine große Bedeutung für die Weiterbildung in Kiel hat die Volkshochschule. Hier vollzog sich Mitte der siebziger Jahre ein grundlegender Strukturwandel. Er ging vor allem von zwei Anstößen aus: Erstens erreicht das Nachholen von Schulabschlüssen eine besondere Relevanz. Dafür wurden ab 1976 Lehrer als Honorarkräfte beschäftigt. Ab 1979/80 wurden diese hauptberuflich eingestellt. Dies betraf zehn bis 15 Personen. Damit gab es an der Volkshochschule der Stadt Kiel nicht mehr nur Fachbereichsleiter, sondern auch hauptamtliche Lehrkräfte. Als dann die Volkshochschule Mitte der achtziger Jahre die Aktivitäten in diesem Bereich reduzierte, wurde dies durch einen verstärkten Einstieg in Deutschkurse für Aussiedler und ausbildungsbegleitende Hilfen kompensiert. Der "Ausstieg" der Volkshochschule hing damit zusammen, daß die Teilnehmer an Einrichtungen des zweiten Bildungsweges "abgegeben" wurden. Ausgenommen war nur der Bereich der Hauptschulabschlüsse. Verschiedene "Drittmittelprojekte" seit Mitte der siebziger Jahre haben den Charakter der Volkshochschule der Stadt Kiel geändert. Ein zweiter Anstoß ging von der Ausweitung der Sprachkurse aus. Es wurden, um der gestiegenen Nachfrage gerecht zu werden, drei Fachbereiche geschaffen.

Ein Problem der VHS besteht in einem Teilnehmerrückgang, der aus Gebührenerhöhungen resultiert und nur durch verstärkte Ausweitung des Bildungsurlaubsprogrammes aufgefangen werden konnte. Bildungsurlaube machen mittlerweile ca. zehn Prozent des Weiterbildungsvolumens der Volkshochschule aus.

Fast alle Weiterbildungsträger haben ähnliche Probleme, da sie zu geringe Entwicklungskapazitäten haben. Ein Weiterbildungszentrum als Entwicklungsinstitut könnte hier erfolgreich wirken, zumal eine Kooperation von Weiterbildungsträgern in Kiel höchstens bilateral und partiell erfolgt. So kooperiert z.B. die Volkshochschule in manchen Bereichen mit dem Berufsfortbildungswerk des DGB oder die Gesellschaft für Arbeitsmarkt- und Strukturpolitik mit der Firma Micro Partner bzw. der Deutschen Angestellten-Akademie oder mit Betrieben, um deren Ausbildungswerkstätten zu nutzen. Auch kooperiert die Volkshochschule mit dem "Kirchlichen Dienst in der Arbeitswelt" oder mit den Gewerkschaften über den Weiterbildungsträger "Arbeit und Leben", um Bildungsurlaube anzubieten. Diese Kooperationen beschränken sich jedoch meist auf einzelne Aktivitäten und betreffen nicht größere Zeiträume. Es gibt keine Koordinierung des Angebotes und noch nicht einmal eine intensive Zusammenarbeit zwischen der VHS und der bestehenden Beratungsstelle. Diese wird als zu sehr an die Interessen ihres Trägers orientiert angesehen.

9.3.3 Weiterbildungsverbund

Die "Technologie-Region K.E.R.N. e.V." versucht, das Konzept des Weiterbildungsverbundes in Dithmarschen auf die Region Kiel, Eckernförde, Rendsburg, Neumünster zu übertragen. Dieser Verein hat zur Aufgabe, die "Region" nach außen und innen bekannt zu machen, die Zusammenarbeit zwischen Wirtschaft und Wissenschaft zu fördern sowie kommunale Planungen auf technologierelevanten Gebieten so zu beeinflussen, daß eine Steigerung der regionalen Effizienz erreicht wird. Schon in der Vergangenheit hat sich der Verein deshalb der Förderung der berufsbezogenen Bildung angenommen. So wurde am 28.10.1993 in Eckernförde ein Kongreß zu dem Thema "Berufliche Qualifikation - ein wichtiger Standortfaktor für die K.E.R.N.-Region" veranstaltet. Es wurde der "Ist-Zustand" der Qualifikationen in der Region und mögliche Zukunftsperspektiven erörtert.

Die darauf aufbauende Initiative zur Etablierung eines Weiterbildungsverbundes in der Region beschränkt sich auf die berufsbezogene Weiterbildung. Insbesondere sind technische und kaufmännische Themen der Weiterbildung im Blick, während der soziale und medizinische Bereich eher ausgeblendet werden. Es sollen bessere Verknüpfungen zwischen den Weiterbildungsträgern in der Region geschaffen werden. Dazu soll das "Dithmarscher Modell" auf die Region übertragen werden. Bei den bisherigen Arbeiten haben sich jedoch einige Problembereiche herauskristallisiert: Die Schnittstellen zwischen verschiedenen "Support-Strukturen" in der "K.E.R.N.-Region" sind erstens nur ungenügend bestimmt. Weiterbildungsberatung, Weiterbildungsmakler und Weiterbildungsverbund haben zum Teil überlappende Arbeitsbereiche, ohne daß eine eindeutige Arbeitsteilung abgesprochen würde. Der Verein hat zweitens kaum personelle und materielle Ressourcen, um den Weiterbildungsverbund zu etablieren und eine Umsetzung des "Dithmarschen Konzeptes" zu gewährleisten. Das Interesse von Weiterbildungsinstitutionen an einem ernsthaften Ressourcensharing, das in Dithmarschen nur unter spezifischen Bedingungen gelungen ist, ist drittens zweifelhaft.

9.3.4 Weiterbildungsberatung

Die Frauenweiterbildungsberatungsstelle in Kiel soll ausschließlich Frauen ansprechen. Der Schwerpunkt liegt auf der Arbeit mit Berufsrückkehrerinnen. Dies schließt auch eine Personalentwicklungsberatung in Klein- und Mittelbetrieben, sowohl für interessierte Frauen als auch für rekrutierende Klein- und Mittelbetriebe ein. Zusätzlich wird eine Sozialberatung vor allem für Sozialhilfeempfängerinnen und andere weibliche Problemgruppen, angeboten. Darüber hinaus werden Informationsveranstaltungen zusammen mit der Arbeitsverwaltung oder Familienbildungsstätten für Berufsrückkehrerinnen durchgeführt.

In dieser Beratungsstelle in Kiel wurden im Juni 1994 233 Beratungen durchgeführt. Sie betreut gleichzeitig den Standort Rendsburg und führt auch Beratungen in Neumünster durch. Dabei profitiert sie von den vielen persönlichen Kontakten der Beraterinnen zu verschiedenen Weiterbildungsinstitutionen. Darüber hinaus werden Projektberatungen (z.B. für "Mädchentreffs") durchgeführt und spezifische Angebote zusammen mit Weiterbildungsträgern initiiert. Auch werden bei Wiedereinstiegskursen bei anderen Weiterbildungsträgern Gruppenberatungen bzw. bei der Volkshochschule in Bildungsurlauben für alleinerziehende Arbeitnehmerinnen Beratungsgespräche durchgeführt.

Die Nutzung von Weiterbildungsdatenbanken hat nach Einschätzung der Mitarbeiterinnen für die Weiterbildungsberatung bisher keine hohe Bedeutung. Von den Weiterbildungsberatungsstellen bei der Gesellschaft für Arbeitsmarkt- und Strukturpolitik wurde bisher die Weiterbildungsdatenbank WISY aus Hamburg genutzt. Demgegenüber erfolgte kaum Nutzung von WIS oder KURS. Die Datenbanken haben kaum Relevanz, weil das Angebot in der Stadt Kiel ohnehin für die Berater präsent ist, da sie vielfältiges Material über Kurse und Institutionen gesammelt haben. Darüber hinaus sind auch viele Informationen interessant, die nicht in den Datenbanken gespeichert werden. So sind z.B. für die Beratung von Frauen insbesondere auch Fragen der Kinderbetreuung wichtig.

9.4   Regionale Perspektiven

Um die endogenen Faktoren in der Regionalentwicklung im Hinblick auf Weiterbildung zu stärken, bieten sich folgende Schritte an:

(a) *Stärkerer Zielgruppenbezug, Dezentralisierung und Vor-Ort-Angebote:* Trotz einiger guter Ansätze für die Entwicklung dieser Richtung gibt es einige Probleme in beiden Regionen. In Dithmarschen konzentriert sich das Angebot auf die Zentren im Kreis, während in Kiel die quasi Monopolstellung einzelner Weiterbildungsträger ein Problem ist. So würde z.B. eine verstärkte Konkurrenz im gewerblich-technischen Bereich zu einer Verbesserung der Weiterbildungsstruktur beitragen. Dies drückt sich in Qualitätsproblemen aus, die in vielfältigen Klagen der Teilnehmer über das Niveau der Kurse artikuliert werden. Auch wenn ansonsten die Qualität der Kurse hier relativ gut zu sein scheint, ist die Kursqualität dort verhältnismäßig hoch, wo auch das Eingangsniveau der Teilnehmer hoch ist. Zur Qualitätserhöhung könnte deshalb auch beitragen, wenn man die Zielgruppen für die Kurse stärker differenzieren könnte, um einen spezielleren Zuschnitt der Weiterbildungsmaßnahmen zu erreichen. Die Teilnehmerauswahl wird von vielen Weiterbildungsträgern als ein zentrales Problem angesehen. Um eine bedarfsgerechtere und zielgruppenspezifischere Angebotsstruktur zu erreichen, werden ganz unterschiedliche Wege bei den einzelnen Weiterbildungsträger eingeschlagen. Eine Voraussetzung besteht jedoch in einer flexiblen internen Organisation. Hier gibt es z.B. bei der Umgestaltung der Volkshochschule Kiel einige erfolgversprechende Vorstellungen. Unterschiedliche Rahmenbedingungen in der städtischen und ländlichen Region erfordern jedoch auch unterschiedliche Lösungen, da verschiedene Strukturprobleme zu bewältigen sind. Während es in Dithmarschen eher auf eine Konzentration der Kräfte ankommt, scheint es in der Stadt Kiel so zu sein, daß hier vordringlich die Voraussetzungen für ein modernes Management von Weiterbildungseinrichtungen geschaffen werden müßte. Ein Problem ist jedoch in beiden Regionen identisch. Eine Voraussetzung für die Umgestaltung des Angebots ist das Vorantreiben von Entwicklungsarbeiten. Hier stehen in beiden Regionen wenig Kapazitäten zur Verfügung.

(b) *Ausbau der Weiterbildungsberatung und -information:* Sowohl in Dithmarschen als auch in Kiel gibt es verschiedene Initiativen zur Verbesserung der Weiterbildungsberatung und -information. Diese tragen zum Teil auch den unterschiedlichen Strukturbedingungen Rechnung, indem z.B. in der Fläche eine angemessene mobile Beratung angeboten wird. Jedoch gibt es auch ganz erhebliche Probleme, da die Beratung heute oft nur am Telefon oder zu sehr eingeschränkten Themen, wie etwa zur Eingliederung von Frauen oder eher zu "Randproblemen der Weiterbildung", wie einer erweiterten Lebensberatung, geboten werden. Um die Weiterbildungsstruktur vor allem in Kiel zu verbessern, ist es aber nötig, die regionale Angebotstransparenz erheblich zu erhöhen. Es ist heute für potentielle Nachfrager nicht deutlich, welcher Weiterbildungsträger was anbietet. Es bietet sich daher an, dies in Verbindung mit einer verstärkten Weiterbildungsberatung zu tun. Hierfür muß vor allem eine intensivere Werbung betrieben werden, die bisher an mangelnden Ressourcen scheiterte. Eine verbesserte Koordination der verschiedenen Projekte im Support-Bereich ist dafür nützlich. Eine klare Aufgabenbeschreibung der unterschiedlichen Einrichtungen ist dazu nötig. Auch ist es für die Regionalpolitik wichtig, verstärkt die strukturbestimmenden Klein- und Mittelbetriebe durch eine Qualifizierungsberatung zu unterstützen, die bisher nicht stattfindet.

(c) *Vernetzung der bestehenden Angebote und Weiterbildungsträger:* Die Vernetzung der bestehenden Angebote und Weiterbildungsträger wird in Dithmarschen seit 1986 innerhalb des Volkshochschulbereichs vorangetrieben. Dies geschieht vor allem durch den Volkshochschulverein. Ein Indiz für die zunehmenden Erfolge auf diesem Gebiet sind die Herausgabe gemeinsamer Programme der Volkshochschulen. Seit 1989 besteht sogar eine darüber hinausgreifende Initiative, die alle Weiterbildungsträger der beruflichen Weiterbildung im Kreis Dithmarschen umfaßt. Dieser Weiterbildungsverbund widmet sich vor allem der Transparenzerhöhung, Qualitätssicherung, Zertifizierung und dem stärkeren Zielgruppenbezug durch bedarfsgerechte Angebote. Damit einher geht eine Verzahnung der Aktivitäten, damit Kurse nicht wegen zu geringer Teilnahmezahlen ausfallen. Darüber hinaus hat als drittes Element der Verzahnung von Weiterbildungsträgern in der Region Dithmarschen auch der "Leistungsverbund Berufsorientierte Weiterbildung" der Volkshochschulen einige Bedeutung. Auch in Kiel soll nun ein Weiterbildungsverbund, der ähnlich der Initiative in Dithmarschen ist, etabliert werden. Es gibt jedoch eine Reihe von Problemen, die aus einer mangelhaften wissenschaftlichen Analyse, einer ungenügenden öffentlichen Unterstützung bei der Finanzierung und der Konzentrierung auf die berufliche Weiterbildung resultieren. Dies läßt den Schluß zu, daß der Aufbau von Support-Strukturen nicht ohne eine wissenschaftliche Unterstützung und eine kontinuierliche öffentliche Förderung zu erreichen ist.

(d) *Flexibilisierung und Mobilisierung der Dozenten und Kursleiter:* Erste Erfolge beim Austausch von Kursleitern sind durch den Weiterbildungsverbund Dithmarschen erreicht worden. Diese Kooperation der Weiterbildungsträger muß aber stärker ausgebaut werden. Sie ist ohne eine flankierende Personalqualifizierung immer ungenügend. Ein verstärkter Austausch von Dozenten und Kursleitern von Volkshochschulen, innerbetrieblicher Weiterbildung des öffentlichen Dienstes und kommerzieller beruflicher Weiterbildung wäre möglich.

10

Entwicklungsvorschläge

In Schleswig-Holstein ist in den letzten Jahren eine vergleichsweise größere Anzahl an Weiterbildungsträgern und -angeboten als in anderen "alten" Bundesländern neu entstanden. Deshalb gibt es eine hohe Dichte des Weiterbildungsangebotes hinsichtlich der Kriterien Fläche und Einwohnerzahl. Gleichzeitig führten die
Weiterbildungseinrichtungen in Schleswig-Holstein durchschnittlich weniger
Unterrichtsstunden durch und hatten weniger Teilnehmer im Jahre 1993 als z. B.
die einzelnen Einrichtungen in Hessen im Jahre 1988. In Schleswig-Holstein geschah das im - methodisch sicherlich problematischen - Vergleich zu Hessen mit
mehr hauptamtlichem und weniger nebenamtlichem Personal. Dies ist bei genaue-
rer Betrachtung darauf zurückzuführen, daß mehr hauptamtliches Personal bei den
Institutionen beschäftigt ist, die AFG-geförderte Maßnahmen durchführen. Dieses
sind aber in der Regel kein Dauerstellen. Außerdem ist der Ausbau der Weiterbildungsstrukturen nicht mit einer Verstärkung der koordinierenden Funktionen
einhergegangen. Ebenso haben diese Strukturentwicklungen, d.h. die größere
Vielfalt, bisher nur in Ansätzen zu einem Ausbau der Support-Strukturen geführt.
Gleichzeitig besteht in Schleswig-Holstein aber eine lange Tradition der Erwachsenenbildung, die zum einen von der Etablierung spezifischer Einrichtungen, z.B.
den Heimvolkshochschulen, und der starken Einbeziehung sozial benachteiligter
Gruppen (Frauen, Arbeitslosen etc.) geprägt ist. In einer solchen Situation scheint
es nötig, den Einsatz von Ressourcen zu bündeln und eine bessere Nutzung zu
erreichen, um die Funktionsfähigkeit des Weiterbildungssystems zu erhöhen.
  Um Schritte in Richtung einer Reform des Weiterbildungssystems in Schleswig-Holstein zu forcieren und zu intensivieren, muß bei den Beteiligten die Ein-
sicht in die Notwendigkeit wachsen, die Weiterbildungslandschaft an neue und
gewachsene Anforderungen anzupassen. Dabei ist an die Chancen, die durch die
Ausgangssituation gegeben sind, anzuknüpfen.
  Die Entwicklungsperspektiven des Weiterbildungssystems in Schleswig-Holstein werden aus Sicht der Institutionen selbst unterschiedlich beurteilt. Nicht ver-
wunderlich ist, daß die Experten in der "Weiterbildungsumfrage '94" in ihrer über-

großen Mehrheit die Erhöhung der öffentlichen Förderung, die auch kontinuierlicher werden soll, befürworten. Eine erhöhte Konzentration vorhandener Mittel sollte dabei angestrebt werden. Auch sollten, nicht zuletzt in diesem Kontext, die Zuständigkeiten bei der Landesregierung neu geordnet werden. Dadurch soll auch eine höhere Transparenz der Entscheidungen geschaffen werden. Ein Ausgleich der regionalen Disparitäten durch ein erhöhtes Maß an Kooperation und Koordination wird für nötig gehalten. Informations- und Beratungseinrichtungen sollten ausgebaut und ein Landesinstitut für Weiterbildung - vielleicht in Zusammenarbeit mit anderen norddeutschen Bundesländern - geschaffen werden. Ebenfalls besteht hoher Konsens hinsichtlich der Notwendigkeit weiterer "Support-Strukturen", der Koordinierung und Regionalisierung der Zuständigkeiten und regionaler Initiativen. Die Schaffung von Weiterbildungsberatungsstellen, vermehrte Angebote für die Fortbildung von Dozenten und eine stärkere Sicherung von Arbeitsverhältnissen der Mitarbeiter werden als Mittel für den verstärkten Ausbau des Weiterbildungssystems begriffen. Geringe Zustimmung erhält dagegen die öffentliche Förderung von Weiterbildungsdatenbanken, vor allem von gewerkschaftsorientierten Trägern, kirchlichen Institutionen, Einrichtungen des Handwerks und Fachverbänden. Auch findet sich keine Zustimmung bei den Hochschulen, kirchlichen Einrichtungen und handwerksorientierten Einrichtungen für die Etablierung eines Landesinstituts für Weiterbildung. Der Schaffung von Weiterbildungsbeiräten sprechen die Universitäten, Einrichtungen der Industrie- und Handelskammern und Fachverbände keine oder nur wenig Wirkung zu. Auch wird eine stärkere Finanzierung der Weiterbildungsangebote über individuelle Entscheidungen der Erwachsenen, z.B. über Weiterbildungsgutscheine oder auch über Teilnahmegebühren, von den Einrichtungen der Arbeitgeber und der Gewerkschaften nicht positiv gesehen, aber von den Einrichtungen der Industrie- und Handelskammern und Privatschulen begrüßt. Eine öffentliche Förderung der Kooperation von Institutionen wird von "anderen öffentlichen Institutionen" und kirchlichen Institutionen befürwortet. Demgegenüber besteht bei handwerksorientierten Einrichtungen, Fachverbänden und Einrichtungen des zweiten Bildungsweges einige Skepsis. Die öffentliche Förderung von Weiterbildungsdatenbanken sehen häufig Hochschulen, gewerkschaftsorientierte Einrichtungen, kirchliche Institutionen, Einrichtungen des Handwerks, Fachverbände und Privatschulen als negativ. Am kontroversesten scheint unter den Institutionen die Einführung von Regelungen zur Sicherung von Qualitätsstandards beurteilt zu werden. Die Hochschulen sind diejenigen Institutionen, die verstärkte Regelungen in diesem Bereich nicht für nötig halten, während besonders "andere öffentliche Institutionen" und Einrichtungen der Industrie- und Handelskammern dies fordern. Ähnlich kontrovers wird nur die Schaffung von Weiterbildungsberatungsstellen diskutiert. Während besonders "sonstige Weiterbildungsinstitutionen" und Einrichtungen des zweiten Bildungsweges dies befürworten, stehen Hochschulen, handwerksorientierte Einrichtungen und Einrichtungen der Industrie- und Handelskammern dem ablehnend gegenüber (vgl. Übersichten 42 und 43).

Übersicht 42
Positive Beurteilung von Initiativen zur Entwicklung des Weiterbildungssystems durch Weiterbildungsinstitutionen in Schleswig-Holsteinn nach Art der Institution (in Prozent)*

	Art der Institution													Gesamt
	VHS	UNI	AÖI	GE	KI	AG	IHK	HW	FV	PS	ZBW	FS	S	
Schaffung von Weiterbildungsberatungsstellen	53	20	38	42	73	33	50	22	50	50	67	47	80	51
Vermehrte Angebote zur Fortbildung von Dozenten	67	67	43	30	78	67	50	50	47	53	100	67	71	60
Regelungen zur Sicherung von Qualitätsstandards	53	33	78	46	40	67	100	75	65	50	67	57	58	55
Öffentliche Förderung von Weiterbildungsdatenbanken	44	40	78	17	14	50	50	25	20	32	50	44	43	38
Etablierung eines Landesinstitutes für Weiterbildung	28	0	30	27	0	33	0	13	6	23	33	50	50	25
Schaffung von Weiterbildungsbeiräten	35	0	13	30	11	33	0	13	6	26	50	27	25	25
Erhöhung öffentlicher Förderung	89	20	75	100	90	75	100	100	72	79	50	100	88	85
mehr Kontinuität in der Förderung bestimmter Institutionen	79	33	80	100	73	67	100	100	56	64	67	72	75	75

(wird fortgesetzt)

Fortsetzung Übersicht 42

	Art der Institution													Gesamt
	VHS	UNI	AÖI	GE	KI	AG	IHK	HW	FV	PS	ZBW	FS	S	
Stärkere Finanzierung der Weiterbildungsangebote	20	40	25	11	27	0	100	25	35	44	50	35	38	31
öffentl. Förderung der Kooperationen von Trägern	39	60	80	30	63	33	50	13	19	36	0	27	27	37
Stärkere Sicherung von Arbeitsverhältnissen für Mitarbeiter	63	33	50	70	83	67	100	50	38	61	50	63	71	62
(n)	(64)	(6)	(6)	(10)	(12)	(3)	(2)	(8)	(13)	(44)	(2)	(16)	(14)	(200)

* 1 bzw. 2 auf einer Skala von 1 = "sehr positiv" bis 5 = "sehr negativ"

Quelle: "Weiterbildungsumfrage '94"

Übersicht 43

Beurteilungen von Initiativen zur Entwicklung des Weiterbildungssystems durch Weiterbildungsinstitutionen in Schleswig-Holstein, nach Art der Institution (arithmetisches Mittel)*

	Art der Institution													Gesamt
	VHS	UNI	AÖI	GE	KI	AG	IHK	HW	FV	PS	ZBW	FS	S	
Schaffung von Weiterbildungs-beratungsstellen	2,5	3,6	2,8	2,5	2,0	2,3	3,0	3,0	2,9	2,6	1,7	2,8	1,7	2,6
(n)	(70)	(5)	(8)	(12)	(11)	(3)	(2)	(9)	(16)	(54)	(3)	(17)	(15)	(225)
Vermehrte Angebote zur Fortbildung von Dozenten	2,1	2,0	2,4	2,9	2,0	1,7	2,5	2,4	2,5	2,5	1,7	2,2	2,0	2,3
(n)	(70)	(6)	(7)	(10)	(9)	(3)	(2)	(8)	(15)	(49)	(3)	(15)	(14)	(211)
Regelungen zur Sicherung von Qualitätsstandards	2,5	3,0	1,9	2,6	2,7	2,3	1,5	2,0	2,5	2,4	2,3	2,3	2,3	2,4
(n)	(64)	(6)	(9)	(13)	(10)	(3)	(2)	(8)	(17)	(46)	(3)	(14)	(12)	(207)
Öffentliche Förderung von Weiterbildungs-datenbanken	2,8	3,4	2,7	3,3	3,4	2,5	2,5	3,1	3,1	3,0	2,5	2,5	2,3	2,9
(n)	(57)	(5)	(9)	(12)	(7)	(4)	(2)	(8)	(15)	(44)	(2)	(18)	(14)	(197)
Etablierung eines Landesinstitutes für Weiterbildung	3,2	4,3	3,4	3,1	4,1	3,7	4,5	3,6	4,1	3,7	3,3	2,9	2,8	3,5
(n)	(60)	(6)	(10)	(11)	(9)	(3)	(2)	(8)	(17)	(48)	(3)	(14)	(12)	(203)

wird fortgesetzt

Fortsetzung Übersicht 43

| | Art der Institution | | | | | | | | | | | | | Gesamt |
	VHS	UNI	AÖI	GE	KI	AG	IHK	HW	FV	PS	ZBW	FS	S	
Schaffung von Weiterbildungsbeiräten	3,2	4,0	3,6	3,2	3,4	3,0	5,0	3,8	4,3	3,5	2,5	3,5	3,4	3,5
(n)	(62)	(5)	(8)	(10)	(9)	(3)	(2)	(8)	(16)	(43)	(2)	(15)	(12)	(195)
Erhöhung öffentlicher Förderung	1,5	2,6	2,1	1,2	1,3	2,3	1,5	1,1	2,1	2,0	2,5	1,4	1,6	1,7
(n)	(80)	(5)	(8)	(12)	(10)	(4)	(2)	(11)	(18)	(53)	(2)	(18)	(16)	(239)
Mehr Kontinuität in der Förderung bestimmter Institutionen	1,7	2,3	1,8	1,5	1,8	2,7	1,0	1,2	2,6	2,2	2,0	2,0	1,9	1,9
(n)	(63)	(3)	(5)	(13)	(11)	(3)	(2)	(10)	(16)	(45)	(3)	(18)	(12)	(204)
Stärkere Finanzierung der Weiterbildungsangebote	3,7	2,8	3,1	3,8	3,1	4,0	2,0	3,3	3,2	2,8	3,0	3,0	2,8	3,2
(n)	(61)	(5)	(8)	(9)	(11)	(3)	(2)	(8)	(17)	(45)	(2)	(17)	(13)	(201)
Öffentl. Förderung der Kooperationen von Trägern	2,8	2,2	2,1	3,3	2,8	3,3	2,5	3,6	3,8	3,0	4,0	3,1	3,1	3,0
(n)	(66)	(5)	(10)	(10)	(8)	(3)	(2)	(8)	(16)	(44)	(2)	(15)	(11)	(200)
Stärkere Sicherung von Arbeitsverhältnissen für Mitarbeiter	2,2	2,7	2,3	2,2	1,8	2,7	2,0	2,5	2,8	2,2	2,0	2,1	1,9	2,2
(n)	(64)	(6)	(6)	(10)	(12)	(3)	(2)	(8)	(13)	(44)	(2)	(16)	(14)	(200)

Quelle: "Weiterbildungsumfrage '94"

* Skala von 1 = "sehr positiv" bis 5 = "sehr negativ"

10.1 Institutionenentwicklung vorantreiben und Kräfte bündeln

Das besondere Bild der Weiterbildungslandschaft in Schleswig-Holstein ist geprägt von der großen Vielzahl von Weiterbildungsinstitutionen verteilt auf die Fläche. Unter anderem fällt die große Zahl der Volkshochschulen auf. Damit wächst die Gefahr, daß vorhandene Ressourcen (Räume, Technik, Dozenten) suboptimal eingesetzt werden. Es gibt eine Lücke zwischen den Programmen und der Realität der Kurse. Veranstaltungen müssen ausfallen, wenn keine ausreichende Teilnehmerzahl zustande kommt; Dozenten sind knapp; Räume werden nicht ausreichend genutzt. Eine Konzentration der Kräfte kann in zwei Richtungen gehen: Zum einen in die Profilierung der einzelnen Institutionen, zum anderen in die Kooperation zwischen den bestehenden Trägern und Einrichtungen.

Im ersten Fall kommt es darauf an, die Weiterbildungsangebote zu verstärken, deutlicher am Bedarf zu orientieren und nach außen darzustellen. Dies erfordert intern eine Adaption neuer Managementstrategien in den Institutionen. Um neue Felder für die Weiterbildung zu erschließen, ist eine größere Flexibilität vor allem der öffentlichen Träger nötig. Einen Ansatzpunkt dafür zeigt das Konzept des Bildungsmarketings auf, welches entwickelt wurde, um abgestimmte, maßgeschneiderte Angebote für Klein- und Mittelbetriebe zu ermöglichen. Die Voraussetzung erfolgreicher Arbeit ist dabei die konsequente Ausrichtung des Angebots auf die jeweiligen Zielgruppen. Die in den Programmen früherer Jahre ausgebreiteten "Bauchläden" sind heute nicht mehr angemessen. Weiterbildungsinstitutionen entwickeln sich vom Programmanbieter zu Dienstleistungszentren, und dafür müssen sie sich auch intern umstrukturieren. In die Tätigkeiten des Personals werden dann Modelle der Bedarfserhebung, der Evaluation, der Qualitätssicherung und der Programmplanung stärker einfließen müssen. Durch einen Prozeß der "Bedarfsentwicklung" können auch neue Themenkomplexe erschlossen werden. Dabei löst sich die bisher vorhandene Trennung zwischen "allgemeiner", "politischer" und "beruflicher" Weiterbildung zunehmend auf. Inhaltlich ist in vielen Bereichen, wie z.B. EDV oder Sprachen, eine solche Unterscheidung ohnehin kaum noch möglich. Die mit Finanzargumenten begründete institutionelle Desintegration ist für die Entwicklung angemessener Angebote eher hinderlich. Auch hier scheint sich intern bei den Weiterbildungsinstitutionen ein Umstellungsprozeß anzudeuten, in dem die Trennung spezifischer Fachbereiche abgebaut und andere Organisationsstrukturen geschaffen werden können.

Ein zweites naheliegendes Feld der Institutionenentwicklung ist die Kooperation von Trägern bzw. Einrichtungen. Innerhalb der Trägergruppe "Volkshochschulen" scheint in Schleswig-Holstein eine Fusion einzelner Institutionen naheliegend. Aber auch ohne das institutionelle Profil einzelner Träger zu gefährden, können verstärkt Formen der Kooperation angestrebt werden. Gerade angesichts knapperer Mittel für die Weiterbildung und gleichzeitig höherer Kosten liegt eine Bündelung der Kräfte durch Ressourcensharing nahe. Eines der größten Probleme der Weiterbildungsträger in Schleswig-Holstein sind die Kosten für die Ausstattung mit Unterrichtsmitteln (z.B. neue Techniken). Gleichzeitig müssen 18 Prozent der Weiterbildungseinrichtungen in Schleswig-Holstein ohne eigene Unterrichtsräume auskommen. Weiterbildungsverbünde, wie im Land Schleswig-Holstein in Dithmarschen schon einer besteht, können zu einer abgestimmten Prioritätensetzung in der regionalen Weiterbildung und einer effizienteren Ressourcennutzung beitragen. Sie erlauben eine neue Kombination verschiedener Lernorte, Methoden und Verfahren.

10.2 Qualität sichern

Wie Qualität festgelegt werden kann, ist weniger Ergebnis scheinbar sachlicher empirischer Analysen oder willkürlicher politischer Dezision, als Resultat eines Aushandlungsprozesses zwischen den Beteiligten. Über entsprechende Ansätze wird mittlerweile berichtet (Brinkmann 1993, Sauter 1993). Interessenverbände und Selbstkontrolle der Träger in Verbindung mit der Vergabe von Gütesiegeln, Informationssystemen und Weiterbildungsberatung können zumindest gravierende Qualitätsdefizite abbauen. So kann schrittweise ein flexibles Instrumentarium entstehen, das den Prozeß, die Angebote zu verbessern, in Gang setzt. Es kommt darauf an, pragmatische Wege zu finden, wie in konkreten Ansätzen entsprechende Qualitätsstandards eingehalten und weiterentwickelt werden können. Dabei ist es - neben der Systematik der Kriterien und ihrer empirischen Analyse - ebenso wichtig, daß die verschiedenen Beteiligten ihre Anforderungen einbringen. Dazu müßten auf regionaler und lokaler Ebene eigenständige Analysen und Programme konzipiert werden, um die "Durchführungsmängel" zu beheben und "Bedarfslükken" zu füllen. Ein solches Prozeßmodell zur Sicherung von Qualitätsstandards kann dann zumindest zum Teil schrittweise die vorhandenen Lücken und Mängel in der Weiterbildung beseitigen. Ein koordinierter Qualitätssicherungsprozeß könnte für Schleswig-Holstein landesweit auch eine Diskussion um Weiterbildungsstrategien forcieren.

10.3 Personalentwicklung verstärken durch Professionalisierung und Qualifizierung

Die Rekrutierung qualifizierter Lehrkräfte stellt für Weiterbildungsträger in Schleswig-Holstein ein Qualitätsproblem dar. Auch schwankt die Personalausstattung - ein Beispiel sind die Volkshochschulen - stark. Dabei sind sie im Gegensatz zu anderen Bundesländern die einzigen Institutionen, die aufgrund von Personalkostenzuschüssen öffentliche Mittel erhalten. Darüber hinaus zeigt sich auch in Schleswig-Holstein das im Weiterbildungsbereich insgesamt übliche Bild, daß nämlich wenig hauptberufliches Personal eine Vielzahl von nebenberuflichem oder ehrenamtlichem Personal koordiniert.

Eine verstärkte Ausstattung der Weiterbildungsträger mit hauptberuflichem Personal ist eine unabdingbare Voraussetzung, um eine bessere Qualität der Weiterbildungsangebote, eine stärkere Nähe zu den Bedarfen und eine Umsetzung von Managementstrategien zu erreichen. Die Bereitstellung von Förderressourcen für den Personalausbau ist von daher für das Land eine der wichtigsten Perspektiven. Gleichzeitig können Rekrutierungsprobleme durch ein breites Angebot zur Fortbildung des Personals vermindert werden. Ohnehin hat die Qualifizierung zentrale Bedeutung für Qualität und Professionalität von Weiterbildung. Es bestehen schon zahlreiche Aktivitäten, die z. B. vom Landesverband der Volkshochschulen und der Beratungsgesellschaft für Beschäftigungsinitiativen ausgehen. Auf diese vorhandenen Ansätze kann unseres Erachtens zurückgegriffen werden, gleichzeitig sind sie zu bündeln und erheblich zu verbreitern.

10.4 Förderstrategien ausbauen

Es gibt, bezogen auf die Aufbringung der Mittel für die Weiterbildung in Schleswig-Holstein, einen Finanz-Mix, an dem unterschiedliche Instanzen beteiligt sind. Die Förderstrukturen in Schleswig-Holstein haben sich bisher im wesentlichen aus der Fortschreibung von Haushaltsansätzen ergeben, die aufgrund von politischen Konjunkturen Schwankungen unterliegen. Die gegenwärtige Finanzverteilung ist daher eher historisch gewachsen als systematisch entwickelt. Dies beruht auf einer Zufälligkeit der Verteilungsmechanismen, die der Systemstruktur entspricht, während neue Verschiebungen der Akzente anstehen:
- Erstens eine stärkere Finanzierung der Weiterbildungsangebote über individuelle Entscheidungen der Erwachsenen;
- zweitens eine größere Transparenz der Entscheidungen und Kosten. Eine Forderung geht dahin, daß eine Offenlegung der Finanzierungsstrukturen erfolgen müßte, da z.B. die Volkshochschulen in der Vergangenheit schon immer Transparenz zeigten, andere Träger sich dieser Forderung aber entziehen;
- drittens eine Erhöhung der öffentlichen Ausgaben für die Weiterbildung und höhere Erwartungssicherheit der institutionellen Förderung, die auf einer verbesserten Abstimmung zwischen den einzelnen Ressorts und einer Änderung der Förderungsstrukturen beruht. Dies betrifft auch die EG-Förderung, die ziemlich unkoordiniert zwischen den einzelnen Ressorts stattfindet. Eine Veränderung der Förderstruktur, die darauf zielt, eine erhöhte öffentliche Finanzierung für Weiterbildungsträger zu erreichen und diese gleichzeitig auf stärkere Kontinuität abzustellen, wird - wenig überraschend - von nahezu allen Weiterbildungsträgern in Schleswig-Holstein befürwortet;
- in der gegenwärtigen Situation der öffentlichen Haushalte dürfte aber - viertens - eine Konzentration der vorhandenen Mittel anstehen, um eine bessere Qualität der Weiterbildung zu erreichen. Da z.T. Institutionen gefördert werden, die auf Dauer kaum lebensfähig sind, müßte die Förderstruktur auf eine langfristige Sicherung einer kleineren Trägerzahl abgestellt werden. Dies würde z.B. eine Begrenzung der Zahl der durch das Ministerium für Frauen, Bildung, Weiterbildung und Sport zu fördernden Träger bedeuten.

Es könnte in dieser Situation günstiger sein, die Weiterbildungsinfrastruktur verstärkt zu fördern, als die institutionelle Förderung breit zu streuen. Neben einer Konzentration der Förderung bieten sich vor allem zwei Strategien bei der Umstrukturierung der Förderung von Weiterbildungsinstitutionen an: Erstens Anreizfinanzierungen, um die Bereitschaft der Weiterbildungsträger zu weitergehenden Aufwendungen zu fördern, und zweitens Sicherung der Infrastruktur, um damit stärkere Maßnahmen zur Erhöhung der Weiterbildungsbeteiligung und zur Verbesserung der Qualität zu unternehmen. Dies sollte aber nicht direkt über einzelne Weiterbildungsinstitutionen erfolgen. Als wichtigstes Instrument zur Strukturentwicklung in der Weiterbildung können Personalkostenzuschüsse angesehen werden. Diese sind so anzulegen, daß sie die Institutionen anregen, verstärkt hauptamtliches Personal einzustellen. Die wachsende Verzahnung der Funktionen, die Explosion der Kosten und des Aufwandes sowie der Bedeutungsgewinn erlauben nicht mehr, bestehende Segmentierung, Unterausstattung von Ressourcen, Abschottungen und Eifersüchteleien fortzusetzen. Eine stärkere Verzahnung zwischen den Weiterbildungsbedürfnissen und den Weiterbildungsträgern sollte deshalb vorangetrieben werden.

Die Effizienz staatlichen Handelns hängt bei diesen Maßnahmen vom Raffinement der indirekten Gestaltung ab. Für eine eher indirekte Politik kommt es darauf an, gleichzeitig eine Komplexierung der Instrumente aber auch eine Priorisierung der Ziele zu ermöglichen.

10.5 Ressortkoordination verbessern

Sogar innerhalb einzelner Ministerien gibt es kaum eine Abstimmung, manchmal nicht einmal Kenntnis, über verschiedene Programme und Strategien zur Weiterbildung. Dies verstärkt sich noch bei interministeriellen Beziehungen. Gegenwärtig haben mindestens sechs verschiedene Ministerien wesentliche Kompetenzen in der Weiterbildung und verfügen über relevante Fördermittel. Hinzu kommen noch die Aktivitäten der Europäischen Gemeinschaft (ESF, EU-Aktionsprogramme), des Bundes sowie der Bundesanstalt für Arbeit. Dadurch entsteht eine erhebliche Intransparenz hinsichtlich der Entscheidungen und auch der Fördermöglichkeiten. So gab und gibt es z.B. diverse Modellversuche (u.a. Weiterbildungsmakler, -beratung und -verbund) mit unterschiedlichen Schwerpunkten und verschiedenen Akzenten, welche nicht systematisch vorbereitet, ausgewertet und aufeinander abgestimmt waren und sind.

Von daher scheint eine Veränderung der Ressortzuständigkeiten bei der Landesregierung geboten. Dies könnte z.B. durch eine gemeinsame Programmplanung der Ministerien, eine Verstärkung der Kompetenz der Weiterbildungsgremien auf Landesebene oder durch eine umfassendere Zuständigkeit im Ministerium für Frauen, Bildung, Weiterbildung und Sport erfolgen. Es ist wünschenswert, gemeinsame Konzepte zu entwickeln, an denen sowohl das Sozialministerium als auch das Wirtschafts- und Kultusministerium beteiligt sein müssen. Mittel für eine verbesserte Abstimmung könnten z.B. auch ein gemeinsames Jahresprogramm der Ministerien sein, in dem konzeptionelle Abstimmungen festgehalten werden. Insbesondere die Kernressorts Sozial-, Wirtschafts- und Bildungsministerium müßten sich gegenseitig vermehrt informieren. Ergänzt müßte dies bei Bedarf durch einen weiteren Kreis werden, der zumindest das Umwelt- und Innenministerium umfassen sollte. Es könnte aber auch eine Konzentration der Entscheidungen und Mittel über ein ausgeweitetes Weiterbildungsministerium greifen. Möglich wäre auch eine Regelung der Förderung über eine Clearingstelle bei einem Ministerium.

10.6 Support-Strukturen bereitstellen

Initiativen zur Regionalisierung der Weiterbildungsentwicklung werden so lange zerbrechlich bleiben, wie die notwendigen "Support-Strukturen" nicht zur Verfügung stehen, die eine träger- und einrichtungsübergreifende Aufgabenerfüllung sicherstellen. Zusätzlich zu den unmittelbaren Weiterbildungsveranstaltungen, der Organisation der Institutionen und Programme sowie der Systemregulation und -koordination hat in der Diskussion über Perspektiven der Weiterbildung diese neue Ebene von Funktionen an Bedeutung gewonnen, welche eine gesonderte Institutionalisierung erfordern. Dazu gehören Aufgaben wie Information, Beratung, Forschung, Entwicklung, Qualitätskontrolle und Betreuung von Infrastrukturen u.ä.

Unterstützende Strukturen werden am ehesten die in sie gesetzten Erwartungen erfüllen, wenn ihre Institutionalisierung und Funktionsbestimmung zu einer stärkeren *Profilierung* im Sinne einer klaren Bestimmung der Aufgaben führt; eine *Konzentrierung* im Sinne einer Zusammenführung von verschiedenen unterstützenden Aufgaben greift; eine relative *Eigenständigkeit* sowohl gegenüber der staatlichen Koordination als auch gegenüber den Trägern und Institutionen der Weiterbildung gegeben ist sowie eine Stabilisierung im Sinne der Sicherung einer Kontinuität möglich ist.

Vieles spricht dafür, örtliche Weiterbildungszentren einzurichten. Ausgangspunkt können die teilweise in Schleswig-Holstein schon bestehenden regionalen Informations- und Beratungsdienstleistungen oder Weiterbildungsverbünde sein, deren Notwendigkeit mittlerweile unbestritten ist. Am deutlichsten hat sich durchgesetzt, daß es notwendig ist, eine "Support-Struktur" zu fördern, die den Entscheidungsträgern, Trägern und Einrichtungen, Lehrenden und Teilnehmern zugute kommt. Der Aufbau von Informations- und Beratungsangeboten ist dabei ein Brennpunkt. Dabei handelt es sich insbesondere um die Erstellung von Statistiken, die Etablierung von Weiterbildungsdatenbanken und die weitere Öffnung von bestehenden Weiterbildungsberatungsstellen. Auch nach den vorliegenden Ansätzen liegt die Weiterbildungsstatistik im Argen. Eine punktuelle Erhebung wie unsere "Weiterbildungsumfrage '94" hat per se nur beschränkte Aussagekraft. Statistiken müßten kontinuierlich und verbindlich erstellt werden; z.B. wäre eine landesbezogene Ausweitung des Berichtssystems Weiterbildung sinnvoll. Ebenso müssen Entwicklungsarbeiten für Inhalte, Methoden und Medien sowie zur Dozentenqualifizierung gewährleistet werden. Nur so ist eine Weiterentwicklung von Erwachsenenbildungsträgern zu komplexen Dienstleistungsbetrieben möglich. Dazu gehört auch eine Verbesserung der Weiterbildungsstatistik als Planungsgrundlage.

Zu den Funktionen solcher regionaler Weiterbildungszentren gehören: Information, Beratung und Werbung; Curriculum- und Materialerstellung; Qualifizierung des Personals; Bereitstellung dezentraler Ressourcen; Koordination gemeinsamer Projekte; gemeinsames Marketing für die Weiterbildung; Qualitätssicherung und Anerkennungsprozesse. Sie könnten von Netzwerken oder Verbünden getragen und von regionalen Beiräten begleitet werden.

Wenig Aufmerksamkeit hat in Schleswig-Holstein bisher die Weiterbildungsforschung erhalten. An den Hochschulen gibt es nur einige wenige Personen, die sich mit Weiterbildung befassen. Auch agieren in diesem Bereich einige nicht ausschließlich an Weiterbildung orientierte Institutionen, z.B. das Institut für Tourismus- und Bäderforschung. Der größte Teil der Aktivitäten liegt bei den Trägern (z.B. Berufsfortbildungswerk des DGB, Landesverband der Volkshochschulen) und ist unmittelbar umsetzungsorientiert. Forschung erfolgt in der Regel eher en passant, ohne spezifische Institutionalisierung.

Überhaupt sind "kleine" Bundesländer, wie etwa Schleswig-Holstein, nur bedingt dazu in der Lage - angesichts der vielfältigen Bereiche, in denen unterstützende Strukturen für die Weiterbildung sinnvoll sind - flächendeckend und umfassend Support-Strukturen aufzubauen. Es drängt sich die Frage auf, ob ein Teil der unterstützenden Aufgaben für Schleswig-Holstein nicht in Zusammenarbeit und Arbeitsteilung mit anderen Bundesländern in Norddeutschland übernommen werden könnten. Eine Stelle für Forschungsaktivitäten könnte ein "Landesinstitut für Weiterbildung" sein. Da in einigen norddeutschen Bundesländern ähnliche Problemlagen in Weiterbildungssystemen existieren, ist es möglicherweise angebracht, entsprechende Aktivitäten abzusprechen und zu bündeln.

10.7 Regionalpolitische Akzente setzen

Die Anpassung der Weiterbildung an regionale Bedürfnisse soll eine Kostensenkung, Stärkung der Eigenverantwortung der Regionen, größere Bedarfsnähe und stärkere Kundenorientierung der Weiterbildungsinstitutionen gewährleisten. Dies kann sowohl durch eine regionalisierte Weiterbildung als auch durch regionale Dienstleistungen für die Weiterbildung geschehen. Unabdingbar dafür scheint eine Dezentralisierung der Entscheidungsstrukturen zu sein. Darüber besteht ein weitgehender Konsens unter Experten, auch wenn die Wirkungen regionaler Weiterbildungspolitik noch weitgehend unerforscht sind, die Bestandsaufnahme aufgrund fehlender Statistiken schwierig ist, das Spannungsverhältnis zwischen zentralen und regionalen Initiativen (z.B. Weiterbildungsdatenbanken) noch nicht genügend ausgelotet ist und - angesichts knapper öffentlicher Mittel - die dauerhafte Verankerung regionalisierter Ansätze noch offen ist. Es scheint aber sicher, daß eine regionale Dienstleistungsstruktur für Weiterbildung eine Voraussetzung für ein auch zukünftig funktionsfähiges Weiterbildungssystem ist.

Unseres Erachtens ist es deshalb notwendig, auf regionaler Ebene einerseits bestimmte Support-Strukturen zu verankern, wie z.B. Weiterbildungsverbünde zur Beratung oder zur Ressourcenoptimierung (vgl. auch Abschnitt 10.6). Andererseits bietet es sich an, regionale Beiräte zu schaffen, die Impulse für zukünftige Entwicklungen geben und sie entsprechend der regionalen Bedürfnisse beeinflussen können. Dabei sollten sie nicht nur den notwendigen Ausgleich von regionalen Disparitäten zum Ziel haben, sondern auch zur Herausbildung von regionalisierten Weiterbildungsstrukturen beitragen.

Eine Suche nach solchen Zukunftslösungen in der Weiterbildung kann aber nicht einem geschlossenen Kreis von Trägern, Staat und exklusiven Interessenten überlassen werden, sondern bedarf der Ergänzung durch Nutzer, Experten und Verantwortliche, da sich die Intransparenz der Entscheidungsfindung auf regionaler Ebene noch potenziert. Hier agieren Weiterbildungsträger, Arbeitsverwaltung, Wirtschaftsförderung, Kammern, einzelne Unternehmen und andere Institutionen. Entsprechende beratende Instanzen können bedeutsame Erträge bringen, wenn sie tatsächlich Gestaltungsspielräume im Hinblick auf Entwicklungsarbeiten schaffen, Prioritäten setzen und bessere Ressourcennutzung durch Kooperation entfalten können.

Für eine koordinierte Entscheidungsfindung ist die Einrichtung regionaler Weiterbildungsbeiräte ein Ansatz. In Kreisen und kreisfreien Städten wären entsprechende Gremien zu schaffen. Diese müßten sowohl die Erwachsenenbildungsträger, die bisher noch getrennt operieren, die Verwaltungsausschüsse der Arbeitsämter sowie die regionalen Berufsbildungsausschüsse durch weitere Repräsentanz und Einbeziehung von Förderern und Nutzern umfassen. Zu den Aufgaben dieser Beiräte können die Bedarfsklärung; Planung und Empfehlungen für Schwerpunktsetzung; Anregung zur Kooperation und Sicherung der Kontinuität von Angeboten; Beratung zur örtlichen Weiterbildungsinfrastruktur; Bildungswerbung; Mittelbeantragung und Vergabe für örtliche Initiativprojekte gehören. Um solche regionalen Beiräte arbeitsfähig zu machen, ist es notwendig, auch Entscheidungsbefugnis vor Ort zu bringen und gleichzeitig die regionale Infrastruktur weiter auszubauen.

10.8 Eine abschließende Bemerkung

Wir hatten Gelegenheit, auch in anderen Zusammenhängen, in spezifischen Expertisen, übergreifenden Gutachten oder in Kommissionen, z.B. in Hessen, Nordrhein-Westfalen und in den „neuen" Bundesländern - an Klärungen über Bestand und Perspektiven der Weiterbildung mitzuwirken. Diese Erfahrungen haben gezeigt, was solche Expertisen leisten können und was nicht, aber auch, welch hohe Erwartungen oft an solche Gutachten herangetragen werden.

- Wir hoffen, als Außenstehende das Bild einer komplexen „Weiterbildungslandschaft" gezeigt zu habe, wo für örtliche Beteiligte möglicherweise nur Facetten sichtbar sind. Sollten unsere Ausführungen allerdings an der präzisen Beschreibung einzelner Institutionen gemessen werden, muß darauf hingewiesen werden, daß dazu Einzelrecherchen notwendig gewesen wären, die aber nicht Gegenstand dieses Gutachtens waren.

- Die Weiterbildungsszene lebt vom Engagement und vom spezifischen Profil der einzelnen Träger, die je besondere Anliegen und Bedürfnisse haben. Dieses Gutachten sollte nicht daran geprüft werden, inwieweit es deren unterschiedliche Bedürfnisse berücksichtigt oder widerspiegelt, sondern daran, in welchem Maße es gelungen ist, einen Konsens, der von möglichst allen Beteiligten getragen werden kann, aufzuzeigen. Es kann nicht darum gehen, wer in der bestehenden Vielfalt recht hat, sondern darum, welche Verständigung bei und trotz der Vielfalt möglich ist.

- Ziel des Gutachtens war es, sinnvolle und mögliche Lösungen in öffentlicher Verantwortung und in Kooperation der Beteiligten untereinander auszuloten. Auf diese beiden Eckpfeiler konzentrieren sich daher auch die Empfehlungen. Damit soll nicht geleugnet werden, daß andere Fragestellungen und Lösungsansätze denkbar sind, die im Rahmen dieses Gutachtens - das nur ein Momentaufnahme der Weiterbildungslandschaft in Schleswig-Holstein abbilden konnte - nur geringen Stellenwert haben konnten. Gleichzeitig verbindet sich damit die Überzeugung, daß die Maßnahmen in öffentlicher Verantwortung und Kooperation, basierend auf dem kontinuierlichen Dialog aller Beteiligten, umsetzbar sind.

Literatur

Alt, Ch./Sauter, E./Tillmann, H.: Berufliche Weiterbildung in Deutschland. Strukturen und Entwicklungen. Berlin/Bonn 1993

Benecken, W./Lerch, H.: Fakten, Zahlen, Daten - 25 Jahre Landesverband. In: VHS-Korrespondenz, H. 2, 1973, S. 10-15

Benkert, W.: Weiterbildungsbedarfsanalyse Hagen. Analyse des Weiterbildungsbedarfs und ausgewählter Folgewirkungen für die Stadt Hagen. Hagen 1993

Blöchle, E./Stahl, Th./Stölzl, M.: Bildungsfeindliche Betriebe - oder marktferne Bildungsträger? Der schwierige Weg des Marketing im Segment der kleinen und mittleren Betriebe. In: Lernfeld Betrieb, H. 3, 1991, S. 23-26

Böhrk, G.: Weiterbildungspolitik in Schleswig-Holstein. In: Report, H. 33, 1994, S. 153-155

Bosch, G.: Regionale Entwicklung und Weiterbildung. In: Akademie für Raumforschung und Landesplanung (Hg.): Berufliche Weiterbildung als Faktor der Regionalentwicklung. Hannover 1993, S. 63-80

Bostelmann, K.: Berufsorientierte Weiterbildung an Volkshochschulen - ein marktorientiertes Angebot. In: Grundlagen der Weiterbildung, H. 5, 1994, S. 318-319

Brinkmann, Chr.: Berufliche Qualifizierung und Qualifikationsbedarf in der Region. In: Gewerkschaftliche Bildungspolitik, H. 10, 1993, S. 220-226

Claussen, W./Schmidt, E.: Bildungskooperation in der Praxis: Die Kleinstadt-Volkshochschulen und die Großindustrie. In: Hessische Blätter für Volksbildung, H. 1, 1995 (im Erscheinen)

Deutscher Industrie- und Handelstag (Hg.): Berufsbildung, Weiterbildung, Bildungspolitik 1991/1992. Bonn 1992

Döring, K.: System Weiterbildung. Zur Professionalisierung des quartären Bildungssektors. Weinheim/Basel 1987

Döring, O.: Tendenzen einer mittleren Systematisierung der Weiterbildung im Verhältnis zwischen Betrieben und Weiterbildungsträgern, Bad Homburg 1994a

Döring, O./Wanzek, U.: Informations- und Beratungseinrichtungen in der Weiterbildung. Ansätze, Probleme und Entwicklungsperspektiven. In: Sozialwissenschaften und Berufspraxis, H. 3, 1994, S. 230-244

Döring, O.: Der Weiterbildungmarkt der Zukunft - Vorschläge zur Verbesserung der Transparenz. In: Krekel, E./Sensing, B. (Hg.): Transparenz und Qualität auf dem Weiterbildungmarkt. Berlin u.a. 1994b, S. 105-117

Döring, O./Faulstich, P.: Zusammenarbeit von Weiterbildungsträgern und Betrieben. In: Hessische Blätter für Volksbildung, H. 1, 1995 (im Erscheinen)

Ebeling, K.: Aus Fehlern lernen. In: Personalwirtschaft, H. 11, 1993, S. 29-30

Faulstich : Qualitätskriterien zur Auswahl von Weiterbildungsangeboten, Magdeburg 1991

Faulstich, P.: Qualitätskriterien für Bildungsangebote im Bereich Informationstechniken. Kassel 1988

Faulstich, P./Teichler, U./Bojanowski, A./Döring, O.: Bestand und Perspektiven der Weiterbildung. Das Beispiel Hessen. Weinheim 1991

Gatermann, Th.: Bildungsurlaub in Schleswig-Holstein. In: Gewerkschaftliche Bildungspolitik, H. 8/9, 1994, S. 162-165

Gensicke, Th.: Wertewandel, Wertevermittlung und Selbstentwicklung. Wie entstehen heute realistische Persönlichkeiten. In: Außerschulische Bildung, H. 2, 1994, S. 117-122

Gerhard, R.: Bedarfsermittlung in der Weiterbildung: Beispiele und Erfahrungen. Hannover 1992

Giddens, A.: Die Konstruktion der Gesellschaft. Frankfurt a.M. 1992

Gnahs, D.: Regionalisierung in der beruflichen Weiterbildung. Hannover 1994

Gnahs, D./Borchers, A./Bergmann, K.: Analyse von Qualifikationsstrukturen und Qualifikationsbedarf in Niedersachsen als Grundlage für die Weiterentwicklung von Angeboten der beruflichen Aus- und Weiterbildung. Hannover 1988

Gnahs, D./Seusing, B.: Weiterbildung auf dem Prüfstand. Stand und Perspektiven der Qualitätsdiskussion. In: Sozialwissenschaften und Berufspraxis, H. 3, 1994, S. 214-229

Harney, K.: Moderne Erwachsenenbildung. Alltag zwischen Autonomie und Diffussion. In: Zeitschrift für Pädagogik, 1993, S. 385-390

Henningsen, A.: Beiträge zur Geschichte der Erwachsenenbildung in Schleswig-Holstein. Neumünster 1962

Hradil, S./Müller, D.: Auswirkungen des demographischen, sozialen und kulturellen Wandels auf Politik, Wirtschaft und Gesellschaft in Schleswig-Holstein. Mainz 1993

Interministerielle Arbeitsgruppe Weiterbildung der Landesregierung Schleswig-Holstein: Bestandsaufnahme der Weiterbildung in Schleswig-Holstein. Kiel 1989

Jagenlauf, M.: Erweiterte Regionale Erwachsenenbildung/EREB - Kreis Ostholstein, Gemeinde Süsel - Übersicht über Ansatz und ausgewählte Ergebnisse. Hamburg 1993 (Manuskript)

Jantz, A.: Qualifikation und Qualifizierung von Personalentwicklern aus betrieblicher Sicht. In: Hessische Blätter für Volksbildung, H. 1, 1995 (im Erscheinen)

Jechle, Th./Kolb, M./Winter, A.: Bedarfsermittlung in der Weiterbildung. In: Unterrichtswissenschaft. Zeitschrift für Lernforschung, H. 1, 1994, S. 3-22

Kade, J.: Diesseits und jenseits der Erwachsenenbildung. In: Zeitschrift für Pädagogik, 1993, S. 391-408

Klages, H.: Wertorientierungen im Wandel. Frankfurt a.M. 1993

Knierim, A./Schneider, J.: Anfänge und Entwicklungstendenzen des Volkshochschulwesens nach dem 2. Weltkrieg (1945-1951). Stuttgart 1978

Kommission Weiterbildung bei der schleswig-holsteinischen Landesregierung: Thesenpapier zum Landesentwicklungsplan Weiterbildung. Kiel 1991

Korte, G.: Erfahrungsgestütztes Lernen - Qualifizierung älterer Facharbeiter in CNC und SPS. In: Paulsen, B./Worschech, F. (Hg.): Arbeitsorientierte Weiterbildung für KMU. Strategien-Konzepte-Methoden. Brüssel 1993, S. 133-142

Kuwan, H./Gnahs, D./Seusing, B./Sühlsen, C.: Berichtssystem Weiterbildung 1991. Bad Honnef 1993

Laak, F.: Auftakt freier Erwachsenenbildung. Stuttgart 1960

Landesverband der Volkshochschulen Schleswig-Holsteins e.V.: Jahresbericht 1993. Kiel 1994

Luhmann, K.: Soziale Systeme. Frankfurt a.M. 1987

Meissner, K.: Heimvolkshochschule mit Zukunft? In: Hessische Blätter für Volksbildung, H. 3, 1990, S. 199-205

Mikelskis, H.: Die ökologische Lage und Zukunft Schleswig-Holsteins. In: Landeszentrale für Politische Bildung Schleswig-Holstein (Hg.): Schleswig-Holstein. Eine politische Landeskunde. Kiel 1992, S. 251-262

Ministerium für Frauen, Bildung, Weiterbildung und Sport des Landes Schleswig-Holstein (Hg.): Bericht zum Bildungsfreistellungs- und Qualifizierungsgesetz. Kiel 1993

Ministerium für Frauen, Bildung, Weiterbildung und Sport des Landes Schleswig-Holstein: Bericht zur politischen Bildung in Schleswig-Holstein. Kiel 1995b

Ministerium für Frauen, Bildung, Weiterbildung und Sport des Landes Schleswig-Holstein: Finanzierung der Weiterbildung. Kiel 1993

Prahl, H.-W.: Das Sozialprofil von Schleswig-Holstein. In: Landeszentrale für Politische Bildung Schleswig-Holstein (Hg.): Schleswig-Holstein. Eine politische Landeskunde.Kiel 1992, S. 103-121

Richter, I.: Recht der Weiterbildung. Baden-Baden 1993

Richter, I.: Bildung in öffentlicher Verantwortung. In: Gewerkschaftliche Bildungspolitik, H. 3, 1994 (Beilage)

Rüdiger, H.: Zur weiterbildungspolitischen Situation in Schleswig-Holstein. In: Report, H. 33, 1994, S. 156-162

Sauter, E.: Weiterbildungsstatistik. Ansätze, Defizite, Vorschläge. In: Recht der Jugend und des Bildungswesens, H. 3, 1990, S. 258-270

Sauter, E.: Qualitätssicherung der Weiterbildung. Selbstkontrolle der Bildungsträger? In: QUEM, H. 5, 1993, S. 1-3

Schiersmann: Ch.: Frauenbildung. In: Tippelt, R. (Hg.): Handbuch Erwachsenenbildung/Weiterbildung. Opladen 1994, S. 534-540

Schmidt, H.: Berufliche Weiterbildung in der Europäischen Gemeinschaft - Impulse für die deutsche Weiterbildung. In: Berufsbildung in Wissenschaft und Praxis. Sonderdruck zu H. 6, 1993a, S. 10-16

Schmidt, H.: Die Herausforderungen an die berufliche Bildung in den 90er Jahren. Festvortrag BFZ Essen am 6.5.1993. Berlin 1993b (Manuskript)

Schmidt, B./ Hogreve, H.: Erhebung zur beruflichen Weiterbildung in Unternehmen im Rahmen des EG-Aktionsprogramms FORCE. Methodik und erste Ergebnisse der Vorerhebung für das Jahr 1993. In: Wirtschaft und Statistik, H. 4, 1994, S. 247-258

Schöne, B.: Schleswig-Holstein - eine Dienstleistungsgesellschaft. In: Landeszentrale für Politische Bildung Schleswig-Holstein (Hg.): Schleswig-Holstein. Eine politische Landeskunde. Kiel 1992, S. 171-182

Statistisches Landesamt Schleswig-Holstein (Hg.): Statistisches Taschenbuch. Schleswig-Holstein, Kiel 1993

Stratmann, P.: Nachfrager-Verbund in der betrieblichen Weiterbildung. In: Paulsen, B./Worschech, F. (Hg.): Arbeitsorientierte Weiterbildung für KMU. Strategien-Konzepte-Methoden. Brüssel 1993, S. 105-116

Tippelt, R.: Weiterbildungsberatung und -informationssysteme. In: Unterrichtswissenschaft. Zeitschrift für Lernforschung, H. 1, 1994, S. 37-55

Ueltzhöffer, J./Flaig, B.: Spuren der Gemeinsamkeit? Soziale Milieus in Ost- und Westdeutschland. Heidelberg 1992

Vester, M. u.a.: Soziale Milieus im gesellschaftlichen Strukturwandel. Köln 1993

Vogel, N.: Die gemeinsamen Anfänge von Volks- und Heimvolkshochschulen. In: Hessische Blätter für Volksbildung, H. 3, 1990, S. 189-197

Vogel, N.: Grundtvigs Bedeutung für die deutsche Erwachsenenbildung. Bad Heilbrunn 1994

Wegge, M./Zander, I.: Qualifizieren im Strukturwandel. Erfahrungen mit Kooperationen in der regionalen Weiterbildung. Gelsenkirchen 1994

Weimer, St.: Zulieferer/Abnehmer: Ein Kooperationsmodell. In: Paulsen, B./Worschech, F. (Hg.): Arbeitsorientierte Weiterbildung für KMU. Strategien-Konzepte-Methoden. Brüssel 1993, S. 125-132

Weiß, R.: Betriebliche Weiterbildung. Ergebnisse der Weiterbildungserhebung der Wirtschaft. Köln 1994

Wessels, K.: Bildungsarbeit des DGB im ländlichen Raum. In: Gewerkschaftliche Bildungspolitik, H. 8/9, 1994, S. 172-173

Weymann, U.: Weiterbildungsqualität im Urteil von Kursbesuchern. In: Sozialwissenschaften und Berufspraxis, H. 3, 1994, S. 245-261

Willke, H.: Ironie des Staates. Frankfurt a.M. 1992

Worschech, F.: Arbeitsorientierte Weiterbildung: Ansätze, Konzepte und Bedingungen. In: Paulsen/, B./Worschech, F. (Hg.): Arbeitsorientierte Weiterbildung für KMU. Strategien - Konzepte - Methoden. Brüssel 1993, S. 9-57

Bernd van Cleve

Erwachsenenbildung und Europa

Der Beitrag politischer
Bildung zur Europäischen
Integration. Bilanz und
Perspektive aus pluralismus-
theoretischer Sicht.
Mit einem Vorwort von
Rudolf Tippelt.
1995. 383 S. Br
DM 68,– / öS 531,– / sFr 66,60
(3 89 271 540 8)

Das Thema »Europäische Integration« wird heute vorwiegend »ökonomisch besetzt«.
Soll die Vision eines »Europa
der Bürger« jedoch Wirklichkeit werden, so ist zur Vermittlung »des« europäischen Ge-
dankens gerade auch die Erwachsenenbildung gefordert.
Doch auf welche, auch historisch gewachsenen Konstan-
ten kann sie sich dabei heute
noch berufen? Die vorliegende
Schrift versucht nicht nur, Genese und Brüche in der Entwicklung europäischen Den-
kens nachzuzeichnen, son-
dern auch über die Analyse
aktueller Angebote einer europäischen politischen Bildung Inhalte einer künftigen
Erwachsenenbildung zu ge-
winnen. Als Schwerpunkte
werden in dieser Arbeit die
kulturelle, ökologische und
politische Erwachsenenbildung explizit benannt, wobei
es galt, für die Erwachsenenbildung tragfähige Kultur- und
Politikbegriffe anzubieten, die
auch didaktisch sinnvoll um-
zusetzen sind.

DEUTSCHER
STUDIEN
VERLAG

Postfach 100154
69441 Weinheim

Preisänderungen vorbehalten / D0207